산책과
문장

산책과 문장
나를 잃지 않기 위해 걷는 시간

초 판 1쇄 2025년 09월 25일

지은이 권윤영, 김미연, 김인혜, 김태영, 나윤영, 남보라, 유하나, 장인실, 정가주, 최보영
펴낸이 류종렬

펴낸곳 미다스북스
본부장 임종익
편집장 이다경, 김가영
디자인 윤가희, 임인영
책임진행 김은진, 이예나, 김요섭, 안채원

등록 2001년 3월 21일 제2001-000040호
주소 서울시 마포구 양화로 133 서교타워 711호
전화 02) 322-7802~3
팩스 02) 6007-1845
블로그 http://blog.naver.com/midasbooks
전자주소 midasbooks@hanmail.net
페이스북 https://www.facebook.com/midasbooks425
인스타그램 https://www.instagram.com/midasbooks

ⓒ 권윤영, 김미연, 김인혜, 김태영, 나윤영, 남보라, 유하나, 장인실, 정가주, 최보영, 미다스북스 2025, *Printed in Korea.*

ISBN 979-11-7355-505-3 03810

값 19,000원

※ 파본은 구입하신 서점에서 교환해드립니다.
※ 이 책에 실린 모든 콘텐츠는 미다스북스가 저작권자와의 계약에 따라 발행한 것이므로 인용하시거나 참고하실 경우 반드시 본사의 허락을 받으셔야 합니다.

미다스북스는 다음세대에게 필요한 지혜와 교양을 생각합니다.

산책과 문장

권윤영 김미연 김인혜 김태영 나윤영
남보라 유하나 장인실 정가주 최보영

나를
잃지 않기 위해
걷는 시간

미다스북스

프롤로그

(김인혜)

　살다 보면 문득, 너무 많은 것을 잃었다는 생각이 들 때가 있습니다. 기억을, 마음을, 시간을, 그리고 나 자신을요. 그러고 나면 망설이게 됩니다. 어디서부터 다시 시작해야 할지, 지금 이 자리에서 새로 살아갈 수 있을지 말입니다. 그럴 때 저희가 했던 건 아주 단순한 일이었습니다. 밖으로 나가는 것, 그리고 걷는 것. 천천히 신발을 신고, 문을 열고, 길 위에 섭니다. 그러면 신기하게도 그 순간부터 세상이 조금씩 다시 움직이기 시작했습니다. 비로소 우리는 숨을 들이마시고, 하늘을 바라보고, 마음과 몸의 무게를 발끝으로 옮겼습니다. 걷는다는 건 몸과 마음을 땅 위에 붙잡아 두는 동시에 앞으로 나아가게 하는 힘이었습니다.

　그렇게 걷는 동안 산책이 문장을 쓰는 일과 닮아 있다는 걸 발견했습니다. 걷기는 달리기와 달라서 때로는 지지부진하고, 더디고, 거북이 같았습니다. 그러나 천천히 두 다리를 움직이는 사이에 그 작은 몸짓이 점점 하나의 단어가, 하나의 문장이 되어갔습니다. 걷기의 발걸음이 문장이 되었습니다. 산책으로 쓰인 문장은 그 어떤 문장보다 진솔하고 진심이 담겨 있을 거라고 믿으며, 한 걸음 한 걸음을 내디뎠습니다. 그렇게 열 명의 작가가 각자의 길 위에서 써 내려간 이야기를 이 책에 담았습니다. 모두 마흔 편의 글을 네 가지의 주제에 따라 나누어 엮었습니다.

첫 번째는 '걷기로 버텨낸 시간'입니다.
누군가는 견딜 수 없을 것 같은 상실의 아픔을 걸으며 뒤로 흘려보냈고, 누군가는 갑작스러운 변화 앞에서 감정을 끌어안기 위해 매일 동네를 한 바퀴 돌았습니다. 걷기는 스스로에게 건네는 위로이자 다짐이었습니다.

두 번째는 '함께 걷는 길'입니다.
말을 아끼는 부부가 나란히 걷는 길 위에서 조금씩 서운함을 풀기도 했고, 아이와 손을 잡고 걸었던 하루는 오래도록 마음에 남았습니다. 함께 걷는다는 건, 꼭 같은 생각을 하지 않아도 같은 방향으로 가겠다는 약속입니다.

세 번째는 '자연과 마주한 산책'입니다.
나무와 풀과 바람이 있어 걷는 시간이 더 깊어졌습니다. 길가에 핀 이름 모를 꽃을 멈춰 바라보고, 산책로에서 들리는 풀벌레 소리에 귀를 기울이며, 우리는 자연이 들려주는 이야기 속으로 천천히 걸어 들어갔습니다. 산책은 자연의 일부가 되는 가장 좋은 방법이었습니다. 그렇게 마주한 자연은 우리에게 앞으로 계속 걸어가라고, 나아갈 수 있다고 잔잔히 응원을 보내주었습니다.

마지막은 '꿈과 함께 걷는 이야기'입니다.
바쁘게 사느라 미뤄두었던 마음의 방향을 다시 더듬고 찾아가는 발걸음, 한때 놓쳤던 꿈과 그 꿈의 이름을 다시 불러보는 조용한 사유의 시간. 걷는다는 건 아직 이루고 싶은 꿈이 있다는 말이었습니다. 언젠가 닿고 싶은 꿈의 장소를 향해 나아가는 발걸음 그 자체가 꿈을 닮았을지도 모른다고, 물에 비친 윤슬을 바라보며 생각했습니다.

우리는 걸을 때 땅만 걷는 것이 아니라 하늘도 걷습니다. 두 다리로 땅을 디디고 밀어내며, 눈으로 하늘을 자유롭게 걷습니다. 나무와 구름이 친구가 되어주기도 합니다. 그렇게 산책은 나를 둘러싼 세계를 만나는 일이기도 하지만, 나를 만나는 일이기도 합니다. 돌고 돌아 만나는 건 결국 나였습니다. 어느 좋은 날, 어느 아픈 날, 산책을 마친 당신은 조금 달라져 있을 겁니다. 그리고 또 다른 하루가 시작되면 조금 더 새로워진 나와 함께 다시 발걸음을 뗍니다. 삶에 무뎌지고 나를 잃어가는 것 같을 때, 산책은 나에게 다시 돌아가는 방법을 알려줍니다. 지구의 자전과도 같은, 동네 한 바퀴를 걷고 다시 나에게로 돌아오는 산책. 여전히 같지만 조금은 달라진 나에게로. 우리는 자전하고, 동시에 공전하며 나아갑니다.

산책이 늘 같은 모양은 아니었습니다. 어떤 날은 빨리 걷고 싶고, 어떤 날은 주저앉고 싶고, 어떤 날은 도무지 나갈 엄두가 나지 않았습니다. 그럼에도 우리는 아주 작은 용기를 내어 문을 열고 걸었습니다. 그 작은 움직임이 생각보다 큰 회복이 되어 돌아오는 걸 알기 때문입니다. 이 책의 모든 글은 그렇게 조용히, 하지만 단단하게 이어진 발걸음의 기록입니다. 대단한 고백도 화려한 결말도 없지만 그 어떤 날보다 진심을 담아 적어 내려간 문장들을 모았습니다. 혹시 지금 이 책을 펼친 당신이 잠시 멈춰 선 길 위에 있거나, 어디로 가야 할지 잘 모르겠다면 우리의 이야기가 당신 곁에서 함께 걷는 동행이 되어주길 바라봅니다.

올여름 걸었던 제주 바닷가가 떠오릅니다.
하얀 모래 위에 발자국이 생겨나고, 이내 지워졌습니다.
윤슬처럼 반짝이며 흩어지던 발걸음들.
풍경 속에서 걸음은 기억이 되었습니다.
우리는 모두 걷는 사람들이었습니다.
지금도, 앞으로도.

목차

(김인혜) 프롤로그 **004**

1장 산책의 위로, 걷기의 시간

(권윤영)	1	너와 내가 걷는 다른 길	**015**
(김미연)	2	지나고 나니 더 선명히 보인다	**020**
(김인혜)	3	걷고 또 걸었어, 제자리인 것 같았지만	**026**
(김태영)	4	여행자의 마음으로	**032**
(나윤영)	5	산티아고 길 위에서	**038**
(남보라)	6	어지러운 생각을 흩어버리다	**044**
(유하나)	7	걸음마다 그려지는 나의 길	**049**
(장인실)	8	폭싹 속았수다, 사랑햄수다	**054**
(정가주)	9	산딸나무야, 안녕	**060**
(최보영)	10	걷는다는 건, 살아낸다는 건	**065**

2장 걸음과 걸음 사이, 관계의 온도

권윤영	1	날 지키는 데 필요한 건 거리	**073**
김미연	2	길 위에서 만난 귀인	**078**
김인혜	3	풀벌레와 시간을 잃어가는 여름밤	**084**
김태영	4	사춘기에 대처하는 마음	**090**
나윤영	5	내 옆의 단 한 사람	**096**
남보라	6	아버지를 추억하며	**101**
유하나	7	흩어진 기억 속을 걷다	**106**
장인실	8	Slipping Through My Fingers	**111**
정가주	9	커다란 나무 같은 사람	**117**
최보영	10	걸음을 맞추며, 마음을 잇다	**122**

3장 걷다 보면 보이는 풍경들

(권윤영)	1	내가 할 수 있는 건 플로깅뿐	131
(김미연)	2	세상을 향해 한 걸음 더	136
(김인혜)	3	걷는 사람의 풍경	142
(김태영)	4	벚꽃은 산책을 부르고	148
(나윤영)	5	제주 한달살이	154
(남보라)	6	저스트 원 텐미닛	159
(유하나)	7	삶은 흔들림 속에서 아름답다	164
(장인실)	8	베른의 오후, 자유로운 그녀	169
(정가주)	9	자연이 내게 준 선물	175
(최보영)	10	노을 아래를 걷다	180

4장 꿈을 향해 다시 걷는 길

권윤영	1	내 꿈은 개망초가 되는 것	**189**
김미연	2	골목길에서 마주한 인생 파노라마	**194**
김인혜	3	나는 아다지오 마라토너	**199**
김태영	4	향기를 풍기는 아카시아처럼	**204**
나윤영	5	엄마의 꿈	**210**
남보라	6	시골길 밤 산책	**215**
유하나	7	다시 꾸는 꿈, 동행	**220**
장인실	8	쓰고 싶을 만큼 찬란했던 순간은 언제였나요?	**225**
정가주	9	내 마음의 방향	**231**
최보영	10	걷고 쓰며, 다시 만나는 나	**237**

에필로그 **243**

1장
산책의 위로, 걷기의 시간

밖을 걷는 단순한 행동인 산책은 나를 돌아보고, 상대를 이해하고, 주변을 새롭게 인지하는 사유의 시간이었다.

방황처럼 보였던 발걸음, 제자리인 듯한 발걸음. 아무 의미 없어 보였던 걷기의 순간들이 차곡차곡 쌓여 우리를 우리만의 길로 인도한다. 한 걸음 한 걸음 내디딜 때마다 시간이 쌓이고, 걷기의 시간이 곧 길이 된다.

앞으로 한 걸음을 내딛는 건 하나의 아픔을 나의 뒤로 떨쳐내는 행위일지도 모르겠다. 그렇게도 나약했던 내가 산책과 함께 '지금'을 열심히 살아내고 있는 걸 보면.

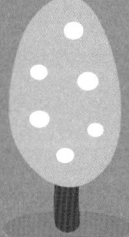

1
너와 내가 걷는 다른 길

(권윤영)

    집 앞에 새로 지어진 중학교를 두고 30분이나 걸리는 다른 학교로 진학했다. 신설 학교는 선배들이 없고 어수선하여 공부하기에 좋지 않다고 누군가에게 듣고서는 엄마가 마음대로 먼 학교로 보낸 것이다. 친구들과 다른 교복을 입고 처음 등교하던 날, 어설프게 시작된 사춘기 때문이었을까? 나는 앞을 제대로 보지도 않고, 얼굴을 숙이고 학교로 걸어가기 시작했다. 마치 혼자만 다른 세계로 걸어 들어가는 것 같았다. 나는 우리나라에서 두 번째로 큰 섬 거제에서 학창 시절을 보냈다. 공을 차면 바다로 빠지는 거야? 학교는 배 타고 다녔어? 숱한 질문을 듣곤 했지만, 내가 살았던 곳은 그런 질문과는 전혀 달리 바다를 메꾸어 만든 간척지에 세워진 아파트였다. 간척된 지 몇 년 되지 않아서 집을 나서면 허허벌판이었고 여객선터미널이 저 멀리 보였다. 마산과 진해로 가는 배를 탈 수 있는 곳이었다. 가끔은 배가 떠나기 전에 울리는 뱃고동 소리도 들을 수 있었고. 날아다니는 하얀 갈매기 떼들은 유일한 나의 친구였다. 심통이 나는 날이면 발부리에 걸리는 작은 돌 하나를 바닷가에 던져가면서 괜한 화풀이를 하기도 했다. 건물도 사람도 거의 없는 새로 생긴 널찍한 땅을 가로지르며 혼자서 걷고 있는 사춘기 여학생이 바로 나였다. 지금은 그곳에 거제에서 가장 높은 아파트가 세워져 있다.

  같은 아파트에 사는 남자 친구 한 명을 제외하면, 다들 나와 다른 교복을 입고 각자의 학교로 등교했다. 분명 초등학교 때는 친했던 아이들이었지만 함께 하는 물리적인 시간이 줄어들수록, 나와 그들 사이에는 거리가 생기기 시작했다. 핸드폰도 없고 직접 만나서 수다를 떨어야 친해질 수 있는 때였으니까. 나는 점점 말수가 줄어들었고 외톨이가 되어갔다. 촌스러운 초록색 체크무늬 교복, 귀밑 3cm의 단발머리를 한 나랑 달리 다른 학교로 간 친구들의 교복은 근사해 보였다. 같은 교복을 입고 또래들과 웃고 떠들며 함께 걷는 친구들이 부러웠다. 학교를 마치고 집으로 돌아올 때 삼삼오오 모여 친구들끼리 집에 가는 무리를 보면, 누가 나를 쳐다볼까 봐 고개를 처박고 걸어갔다. 아주 가끔 새로운 전학생이 같은 방향인 경우도 있었지만, 결국 그 친구도 또 다른 친구들을 만들어 나를 떠났다. 혼자 걸어가는 길이 아니라 나도 누군가와 함께 걷고 싶었었다. 중학교 3년이라는 시간은 등굣길도, 하굣길도 심지어 학교에서도 내 마음을 둘 곳 없던 떠돌이 삶이었다. 나에게 그 3년은 돌아가고 싶은 시간이 아니라 다시는 되돌리고 싶지 않은 시간이다. 어쩌면 지금도 걸음이 빠른 이유는 그때 매일 같이 외톨이가 되어 혼자 걸었던 결과일지도 모르겠다.

얼마 전 둘째 아이를 데리러 가는 길에 삼삼오오 무리 짓는 여자아이들 무리 뒤에 혼자서 중학교 생활복을 입고 터벅터벅 걸어오는 한 여자아이를 마주쳤다. 아이 손에 들린 핸드폰 화면은 그 친구의 유일한 친구 같아 보였다. 생전 처음 보는 아이였지만 30년 전 나의 모습이 떠올랐다. 한참을 걸어가는 아이의 뒷모습을 보면서 할 수 있다면 나란히 함께 걷고 싶었다. 그 아이를 마주친 후 둘째를 태권도에 데려다주고 무작정 걷기 시작했다. 지금 사는 집 근처에는 푸르른 나무들 사이로 흐르는 작은 천이 있다. 그리고 산책길 주변에는 각기 다른 단체에서 명패를 걸어두고 만들어진 작은 정원들을 볼 수 있다. 나는 담벼락을 감싸고 있는 빨간 장미들을 바라보았다.

둘째 아이가 9개월 뱃속에 있을 때 지금 사는 곳으로 이사를 왔다. 신랑의 이직으로 친정을 떠나 이곳에 둥지를 틀었다. 이사하자마자 37주 만에 태어난 둘째와 만 3살도 되지 않은 큰아이는 온전히 내 몫이었다. 정해진 퇴근 시간, 주말도 없이 일하는 신랑을 대신해 독점 육아를 했다. 빨간날에도 출근하는 신랑으로 인해 달력 속 빨간 날짜들이 싫었던 나였다. 육체적 나이는 30대 중반이었지만 나의 정서적 나이는 그보다 훨씬 어렸다. 육체적, 정신적으로 피폐해진 나는 거리에서 3살짜리 아이에게 소리 지르는 게 두렵지 않은 무식한 엄마였다. 제발 살려달라고, 아이를 붙잡고 울부짖은 적도 있었다. 근처에 시댁이 있었지만, 아이 넷을 키웠던 어머님께 내 아이까지 도와달라고 차마 말할 수 없었다. 단 한 번도 누군가에게 도와달라고 해본 적 없는 겉으로만 자존심 센 나는 그렇게 혼자서 버티고 버텼다. 걷다 보니 오직 나만이 알고 있는 흑역사이자 슬픔의 시간이 떠올랐다. 갑자기 눈물이 흘렀다. 더 이상 슬퍼서 흘리는 눈물이 아니었다. 그토록 힘들었던 시간을 잘 견뎌내고 이겨낸 나 자신을 다독이는 눈물이었다. 잊어버렸다고 생각했지만 그러기엔 모두 생생한 나의 기억이었다. 중학교 삼 년간의 시간과 끝나지 않을 것 같았던 육아 터널, 하지만 나는 거기에 더 머무르지 않았다. 힘든 시기를 묵묵히 걸으며 통과해 냈다. 지금 3, 6학년이 된 아이들도 온전히 나 혼자 걸을 수 있게 도와주었다. 중학교 때도 혼자였고, 지금도 혼자 걷고 있지만, 지금은 더는 외롭지 않다. 두 아이의 엄마가 된 나는 어느덧 나만의 시간을, 걸음을 즐길 줄 아는 사람이 되었다. 이제는 '혼자 있는 시간'이 너무나도 소중하고 감사하다. 바로 누군가 옆에 있지 않아도 괜찮다. 지금은 외로움이 아니라 '홀로움'이고, 어쩔 수 없이 혼자 있는 것이 아니라, 내가 스스로 선택한 고요함이다. 이제 나는 멈추고 싶을 때 멈출 수 있고, 돌아가고 싶을 때 돌아갈 수 있는 나만의 산책길을 걷고 있다.

흐르는 물소리를 들으면서, 아무렇지 않게 자기 존재감을 보여주는 들꽃을 바라볼 수 있는 지금. 혼자 걷는 게 부끄러워 빠르게 걷던 산책이 아니라 주변을 둘러보며 꽃을 보고 나무를 느끼며 여유롭게 걷는 산책을 한다. 예고도 없이 갑자기 떠오르는 나만 알 수 있는 힘든 기억이 떠오를 때면 그냥 걷는다. 기미를 걱정해야 하니 챙 넓은 모자 하나 두르고, 목마름을 대비해 아이스 아메리카노 한 잔을 들고 그냥 집 앞으로 나선다. 이왕이면 팔 살도 빠지게 팔도 앞뒤로 열심히 흔들어가면서 걷는다. 마흔의 나는 무서울 게 없고, 두려울 게 없기에. 걸음마다 추억이란 이름으로 묻어둔 그 순간들을 떠나보내면서 이제는 씩씩하게 산책길을 걷는 내가 좋다.

온전히 자신만의 뒷방, 즉 은신처를 마련해 진정한 자유와 고독을 만끽해야 한다. 그 장소에서 매일 자신을 돌보며 외부의 교류나 소통이 전혀 접근하지 못할 만큼 은밀한 공간으로 만들어가야 한다.

·········· 몽테뉴, 『몽테뉴의 수상록』

2
지나고 나니 더 선명히 보인다

(김미연)

2006년 5월 31일 독일행 비행기를 탔다. 거주 비자로 인해 그전에도 여러 번 독일로 오갔지만, 그때는 돌아가는 항공권이 없었다. 한국은 따뜻해 반팔을 입고 출발했는데, 도착한 곳은 찬 바람에 굵은 빗방울이 내리치는 축축한 날씨였다. '아. 여기서 어떻게 살지?' 이민이라는 이름으로 정착하려고 도착한 날, 독일의 첫인상이었다. 독일의 5월에는 Eisheiligen(얼음의 성자들)이라고 서리가 끼고 날씨가 안 좋은 날이 꼭 며칠씩 있는데, 때마침 내가 도착한 날 날씨가 이랬다.

첫아이가 백일이 되는 것을 보고 남편은 독일에서 사업을 시작했다. 남편의 첫 계약과 동시에 오랫동안 다니던 회사에 미련 없이 사표를 던졌다. 이제 만 두 살이 된 아이를 데리고 독일로 이주를 감행했다. 아는 사람도 없고 아이를 돌봐 주던 친정엄마도 없었다. 육아는 온전히 내 몫이었다. 회사에 다닐 때는 딸을 내 손으로 키우고 싶은 마음이 컸다. 막상 육아가 오롯이 내 일이 되고 나니, 내게도 적응할 시간이 필요했다. 한국에서 컨테이너로 보낸 물건은 아직 배 타고 오는 중이었고, 비행기로 가져온 책 몇 권과 몇 개의 장난감이 딸과 놀 수 있는 전부였다.

도착하고 한 달이나 되었을까. 남편은 우리 둘만 덩그러니 놔두고, 한국으로 3주간 출장을 떠났다. 회사를 그만두고 3개월 동안 한국에 있으면서 기초 독일어를 배우고 온 게 내가 아는 독일어 전부였다. 하루 종일 아이와 함께 있으면서, 동네 놀이터에서 시간을 보내고 마트에 가서 식료품을 샀다. 누가 나에게 말이라도 걸면 어쩌나 싶어 움츠러들었다. 하루가 한 달 같았다. 아는 사람도 없고, 24시간 어린 딸과 함께 계속되는 시간이었다. 잠깐이라도 나 혼자 있고 싶다는 마음이 간절했다. 아이는 낮잠도 안 잤고, 밤에도 내가 옆에 있어야 잠을 잤다. 딸이 잠들고 조용히 나와 인터넷이라도 보려고 하면 나를 찾아 나왔다. 다시 안고 들어가 재우고, 다시 안고 들어가 재우길 여러 차례. 결국 폭발하고 말았다.

"잠 좀 자!"

딸의 어깨를 잡고 흔들었다. 급기야 노트북 키보드를 손으로 내려치는 바람에 자판 D자가 튕겨 나왔다. 어디서 그런 힘이 나왔는지. 지금 생각해도 딸에게 매우 미안하다. 물설고, 말도 익숙하지 않은 낯선 곳에서 모두가 새로웠다. 시작한 지 얼마 되지 않은 남편 사업도 안정되지 않아 경제적으로도 흔들리던 그때, 내 마음도 불안했다. 그런 내 마음이 딸에게도 고스란히 전달되었을 것이다. 세상에 믿을 사람이라고는 엄마밖에 없었을 딸. 내가 느낀 감정을 그대로 느꼈을 딸이다. 키보드를 부술 정도의 광기 어린 엄마 눈빛이 어린 딸에게는 얼마나 공포스러웠을까. 생각하면 지금도 아득하고 막막하다.

그 당시 나에게 절실했던 것은 나 혼자만의 시간. 혼자만의 산책이었다. 단 10분 만이라도 밖에 나가 찬 바람을 쐴 수 있다면, 10분만 혼자 걸을 수 있는 시간이 주어진다면, 숨을 쉴 수 있을 것 같았다. 그 절박했던 심정이 19년이 지난 지금도 어제 일처럼 선명하다. 큰딸이 자라며 아프기도 하고 다치기도 했다. 내가 원하는 대로 되지 않아 속상한 일도 많았다. 이제 성인이 된 큰딸 성장기를 돌이켜 보면 그래도 그때가 제일 힘들었고, 큰딸에게는 가장 미안한 순간으로 기억된다.

그로부터 시간은 쏜살같이 흘렀다. 큰딸과 둘이 골프를 치고 있었다. 바람은 살랑살랑 불고, 춥지도 덥지도 않은 온화한 날씨의 늦은 봄이었다. 딸과 함께 골프장에 나오면 하루 종일 집에 있으면서도 안 하게 되는 이야기를 쉽게 주고받는다. 평소엔 꺼내기 어려웠던 말도 골프장에서 함께 걸을 때는 부담 없이 서로 들어 준다. 잔디 깎은 후 나는 풀 내음조차 향긋한 이른 아침 라운딩이었다.

띵. 띵. 동시에 문자 메시지가 들어왔다. '지금 당장 골프장을 떠나라.'라는 메시지였다. 코로나로 봉쇄가 시작되었다. 골프만큼 야외에서 사람과 최소한의 접촉으로 할 수 있는 운동도 없을 텐데 그조차도 허용되지 않는 시기였다.

  한국은 정부의 촘촘한 방역관리와 개개인의 마스크 위생 관리로 전 세계로부터 찬사를 받았지만, 유럽은 아니었다. 때마침 2월은 독일의 카니발 시즌이었다. 카니발 파티에서 독일 첫 코로나 환자가 발생한 이후, 점차 걷잡을 수 없는 상황에 이르렀다. 마트와 병원, 약국을 제외한 모든 가게가 문을 닫았다. 사회 최소 필요 인력을 제외하고는 모든 사람이 집에 머물러야 했다. 멈춰진 시간. 독일 거리는 고요하기만 했다. 분데스리가 축구 경기도 관중 없이 치러졌고, 깔끔하게 다듬어진 유명 축구선수의 헤어스타일이 언론의 질타를 받았다. 봉쇄 시기에 불법으로 미용사와 접촉했다는 이유였다. 아이들 학교도 당연히 온라인 수업으로 바뀌었고, 출장이 잦던 남편도 발이 묶였다. 하루 세 끼, 돌아서면 먹고, 돌아서면 또 밥을 해야 하는 나날이 계속되었다. 변화 없는 일상이 반복되는 날들. 고립의 시간은 꽤 길게 이어졌다. 그 멈추어진 시간을 지금 생각해 보면 세상이 변하는 시발점이 아니었나 싶다.

  코로나 시기에 유일하게 제약 없이 할 수 있는 활동이 산책이었다. 매일 동네 숲길을 걸었다. 혼자 걷기도 하고, 남편과 둘이 걷기도 했다. 아이들은 학교 숙제로 하루 만 보 걷기 인증을 해야 하는 날도 있었다. 다행히 집 근처에는 울창한 숲이 있다. 쾰른 듄발트로 이어지는 길이다. 숲에는 방목해서 키우는 소도 있고, 겨울에는 먹이를 찾아 사람이 다니는 길까지 멧돼지가 올라오기도 한다. 산림욕장이라 말하기에도 손색이 없는 산책로다. 봄에는 고사리가 지천에서 자란다. 가끔은 저 고사리를 끊어가고 싶은 마음이 생기기도 하지만 이곳은 자연보호구역이다. 풀 한 포기, 돌멩이 하나도 함부로 하면 안 된다. 큰 호숫가 주변에는 걷는 이들로 넘쳐났다. 오직 할 수 있는 활동이 산책뿐인 시절이었다. 그때는 그것밖에 할 수 없어서 걸었다. 지금 생각해 보면 걸을 수 있어서 그 시간을 극복해 낼 수 있었다. 때로는 속이 상해 나와서 걸었는데 걷다 보면 화나고 서운했던 일조차 작게 느껴진다. 상대방의 처지를 생각하게 되는 너그러움도 생긴다. 크게만 느껴지던 일도 사소한 일이 되는 마법을 겪기도 한다. 지난 세월, 절대 잊히지 않을 고립의 시간을 돌이켜 보니 그 안에는 산책이라는 공통분모가 있었다. 밖을 걷는 단순한 행동인 산책은 나를 돌아보고, 상대를 이해하고, 주변을 새롭게 인지하는 사유의 시간이었다.

고명환 작가는 저서 『고전이 답했다 마땅히 살아야 할 삶에 대하여』에서 "한 시간의 독서로 떨쳐낼 수 없는 불안감은 없다."라고 했다. 나는 이렇게 말하고 싶다.

"한 시간의 산책으로 떨쳐낼 수 없는 불안감은 없다."라고.

지금도 기분이 우울하면 신발 끈을 바짝 조인다. 멀리, 오래 걸을 이유도 없다. 가까운 동네 한 바퀴로도 충분하다. 크게 심호흡하고 나면 침잠했던 공기조차 내 편으로 바뀌는 요술이 일어난다. 심지어 그 요술은 마음만 먹으면 언제든지 만날 수 있다.

발로 걸어가는 인간은 모든 감각기관의 모공을 활짝 열어주는 능동적 형식의 명상으로 빠져든다. 그 명상에서 돌아올 때면 가끔 사람이 달라져서 당장의 삶을 지배하는 다급한 일에 매달리기보다는 시간을 그윽하게 즐기는 경향을 보인다.

……… 다비드 르 브르통, 「걷기예찬」

3
걷고 또 걸었어,
제자리인 것 같았지만

김인혜

    비바람이 거세게 몰아치던 5월의 어느 저녁, 나는 가슴이 답답해 어쩔 줄 모르며 무작정 집을 나섰다. 비가 막 그친 참이었지만 바람은 여전히 거칠게 불고 있었다. 당시 초등학교 6학년이던 딸아이가 "엄마, 어디 가?" 조심스럽게 물으며 영문도 모른 채 나를 따라나섰다. 날도 궂은데 쟤는 왜 따라 나오는 거야 싶었지만 나는 말릴 힘도, 대꾸하고 싶은 마음도 없었다. 그저 당장 나가지 않으면 가슴이 터질 것 같았으니까. 우리는 말없이 동네 뒷산 입구로 향했다. 산길 초입에 발을 들이자, 휘몰아치는 바람에 나뭇잎에 매달려 있던 빗방울들이 얼굴과 어깨 위로 후드득 쏟아졌다. 5월이면 연둣빛 새잎들이 한창 자라며 풍성해질 시기이다. 하지만 갑작스러운 폭풍우에 은행나무숲 나뭇잎들이 우수수 떨어져 있었다. 나무 테이블 위에도, 벤치 위에도, 흙길 위에도 초록 잎사귀들이 흩뿌려져 있었다. 그 광경에 발길이 저절로 멈췄다. '정말 거친 비바람이었구나.'

노랗게 물들 틈도 없이 때 이르게 나무로부터 힘없이 떨어져 버린 그 잎사귀들의 모습이 왠지 모르게 나와 딸의 처지와 겹쳐 보였다.

  2년 전 봄, 딸아이는 발레 전공으로 예술중학교에 가기 위해 열심히 준비 중이었다. 일주일 내내 발레 수업과 학교를 병행하며 바쁜 나날을 보냈다. 그런데 새 학년이 시작되고, 반이 바뀌면서 상황이 달라졌다. 같은 반 친구들에게 따돌림을 당한 것이다. 학교가 끝나면 아이는 나를 보자마자 꾹 참았던 눈물을 터트렸고, 방과 후 발레 수업 시간에도 다음 날 학교 갈 생각에 두려워했다. 그렇게 한 달을 버티다 아이를 근처 다른 학교로 전학시켰다. 다행히 아이는 새로운 학교에 바로 잘 적응했고, 좋은 친구들도 많이 사귀었다. 나는 겨우 한시름 놓고 안도하였다. 그런데 얼마 지나지 않아 아이가 폭탄선언을 했다. "엄마, 나 발레 그만둘래." 발레가 여전히 좋지만 다른 아이들처럼 친구들과 놀며 평범하게 지내보고 싶다고 했다. 삼사월 힘든 시기를 보냈던 딸아이의 마음을 누구보다 잘 알고 있었기에 일단 그러라고 했다. 네가 하고 싶은 대로 해도 된다고, 다만 후회하지 않도록 잘 생각해 보라고 말해주었다. 하지만 시간이 흘러가며 나는 초조해지기 시작했다. 그동안 힘들게 쌓아온 시간과 노력을 이렇게 쉽게 접어도 되는 걸까? 갑작스러운 충격 때문이라지만, 진로를 바꾸기에는 너무 큰 결정 같았다.

  전학 이후 아이의 마음은 점점 회복되어 갔다. 새로 사귄 친구들의 다정함 덕분이었다. 그렇게 차츰 마음이 안정되자 아이는 발레가 다시 생각나기 시작했나 보다. 그러던 어느 날 밤, 아이가 침대에 누워 훌쩍이며 말했다. "엄마, 나 진짜 몇 년 동안 발레 열심히 했는데…. 지금도 발레가 좋아. 계속하고 싶은 마음과 그만두고 싶은 마음이 싸우고 있어. 그냥 이렇게 끝나 버릴까 봐 무서워." 그 말을 듣는 순간 가슴이 덜컥 내려앉았다. 아이의 흔들리는 마음과 마주하니, 내 마음도 따라 흔들렸다. 고민이 길어질수록 한창 콩쿨과 입시 준비 중인 다른 애들에게 뒤처지기만 할 텐데. 다시 시작하게 된다면 이 공백을 잘 메꿀 수 있을까. 아이의 솔직한 마음을 들었지만 나도 쉽게 선택할 수가 없었다. 뭐가 맞는지 알 수가 없었다. 부모로서 아이를 올바른 방향으로 이끌어주어야 한다는 책임감이 나를 짓눌렀다. 원망스럽기도 했다. 왜 이런 시련이 우리에게 닥쳤을까. 왜 하필 지금이었을까. 아이도 갈팡질팡, 나도 갈팡질팡, 하지만 누구도 길을 알려주지 않고 있다는 생각이 들자 답답하고 화가 났다. 그날 산길을 걷던 마음이 바로 그런 심정이었다.

우수수 떨어진 초록 나뭇잎들에 동병상련을 느끼며 계속 길을 걸어 올라갔다. 차가운 바람이 답답한 속을 잠시나마 뻥 뚫어주는 것 같았다. 비가 꽤 많이 내려 계곡 물소리도 요란했다. 힘차게 콸콸 흘러내리는 계곡의 물줄기 소리가 참 시원스러웠다. 왠지 모를 통쾌함을 느끼며 산길을 씩씩대며 올라가고 있는데 우리 말고 누군가가 있었다. 우리처럼 길을 거슬러 오르는 또 다른 생명체가. 계곡에서 떠내려가지 않으려 애쓰고 있는 오리 한 쌍이었다. 오리들은 물길을 거스르려 하고 있었다. 신기한 마음에 한참을 지켜보다가 의문이 생겼다. 왜 저 오리들은 옆에 있는 바위에 앉거나 다른 곳으로 날아가지 않는 거지? 왜 세차게 내려오는 물살에 맞서며 거슬러 오르려 하는 거지? 그렇게 애써봤자 겨우겨우 제 자리에서 헤엄치고 있을 뿐인데. 하지만 끈질기게 헤엄치는 오리들의 모습은 생명력 넘쳤고 숭고해 보이기까지 했다. 어느덧 나는 누그러져 있었다. 고민과 두려움이, 미칠 듯 답답했던 마음이 어느새 잔잔해졌다. 우리는 이상하고도 멋진 오리들의 힘찬 헤엄을 멍하니 계속 바라보았다.

    그전 해 여름이었던가, 무더위가 한창이었던 어느 날 아파트에서 양산을 쓰고 걷고 있던 한 지인과 마주친 적이 있다. 나는 볼 일이 있어 지나가는 길이었지만 그분은 아파트 단지를 빙빙, 말 그대로 걷는 중이었다. "왜 이 더운 땡볕에서 걷고 계세요?"라고 묻자, 그분은 그냥 걷고 싶어서 걷는다고 흐릿하게 미소 지으며 답했다. 걷기 좋은 시간 때도 아닌데 마치 수행하듯 걷는 이유가 뭘까 의아했었다. 시간이 흐른 뒤 나중에야 그 이유를 알게 되었는데, 당시 사춘기 자녀와 힘든 시기를 보내고 있던 그녀는 그저 밖에 나와 걸을 수밖에 없었다고 했다. 걷고 또 걸으면서 그 시기를 어떻게든 통과했던 거다.

걷는다고 뭐가 달라질까 싶지만 걸으면 무언가 달라진다. 알 수 없는 걷기만의 무언가가 마음의 변화를 만들어내고, 우리를 어디론가 데려다 놓는다. 아무리 걸어도 제자리인 듯했지만, 제자리가 아니었고 어느새 다른 곳에 도착해 있었다. 2년 전 그때, 나는 걸으면서 마음을 정리했고 일련의 선택을 해나갔다. 당연히 시행착오를 겪었다. 하지만 선택하지 않고 우물쭈물하는 것보다 훨씬 나았다고 생각한다. 그때 우리는 발레를 다시 하기로 했었고, 한 달 뒤 결국 최종적으로 그만두었다. 만약 발레를 다시 해보지도 않고 포기했다면 아이와 내 마음속엔 내내 미련이 가득했을 것 같다. 힘든 시기였지만 하나하나 선택해 가면서 마음속의 물음표를 쉼표와 마침표로 바꿔가며 나아갔다. 비록 그 걸음과 길이 꼬불꼬불하고 먼 길을 돌아가는 모양이었다 한들 어떤가. 우리는 걷고 또 걸었을 뿐이다. 방황처럼 보였던 발걸음, 제자리인 듯한 발걸음, 아무 의미 없어 보였던 걷기의 순간들이 차곡차곡 쌓여 우리를 우리만의 길로 인도한다. 한 걸음 한 걸음 내디딜 때마다 시간이 쌓이고, 걷기의 시간이 곧 길이 된다.

그 후 일 년쯤 지난 뒤 아이가 내게 말했다. "엄마, 다른 좋은 길도 있다는 걸 알려주셔서 감사해요." 발레 없는 자신의 미래를 상상하지 못하고 두려움에 눈물짓던 아이는, 어느새 자기만의 새로운 길을 씩씩하게 걸어가고 있었다.

나를 구원한 것은 앞으로 내딛는 한 걸음이었어. 한 걸음, 또 한 걸음. 언제나 똑같은 걸음으로 다시 시작하는 거지…….

········· 앙투안 드 생텍쥐페리, 『인간의 대지』

4
여행자의 마음으로

김태영

    2022년 12월, 온 가족이 미국으로 건너갔다. 갑작스럽게 해외로 발령이 난 남편은 두 달 전에 먼저 떠났고, 나는 급하게 집과 아이들 학교를 정리하고 뒤따라 나섰다. 해외에서 살게 되리라고는 전혀 예상하지 못했기 때문에 당황스럽기도 했지만, 사춘기에 접어든 딸과 이제 겨우 파닉스를 배우고 있는 아들이 새로운 환경과 학교생활에 잘 적응해 줄지부터 걱정이었다. 애들도 애들이지만 내 코가 석 자였다. 미리미리 영어 공부라도 좀 해둘걸. 당장 아이들 학교 면담이며 또래 학부모와의 교류도 피할 수 없을 터였다. 아이들을 위해서는 내가 먼저 중심을 잡아야 한다는 생각에 마음의 부담이 밀려왔다.

    마침내 LA 공항에 내려 짐을 찾으러 갔다. 그날 한꺼번에 몇 대의 비행기가 몰렸는지 공항 안은 사람들의 말소리와 카트 끄는 소리가 뒤섞인 소음으로 시끄러웠다. 다양한 피부색의 무수히 많은 사람이 바쁘게 스쳐 갔다. 화살표를 쫓아서 정신없이 캐리어를 끌고 주차장으로 나갔다. 집으로 향하는 차 안에서 남편이 라디오를 켰다. 팝송이 흘러나오고 잠시 뒤에 광고가 빠르게 지나갔다. 몇몇 단어가 귓전에서 흘러갈 뿐 무슨 내용인지 알아듣기가 어려웠다. 아이들도 나도 아무 말이 없었다. 잠을 못 자서 피곤한 상태이기도 했지만, 차창 밖의 낯선 풍경도 차 안에서 흘러나오는 영어도 모두 현실이 아닌 것 같았다.

  집에 도착하고 첫 한 주일 동안을 집에 콕 박혀서 지냈다. 자다 깨기를 반복하다가 정오 무렵에 간신히 눈을 뜨면 남편은 이미 출근하고 없었다. 남편은 매일 점심시간에 전화해서 아직도 자고 있느냐, 집에만 있지 말고 애들을 데리고 산책을 다녀와라, 차를 끌고 마트라도 다녀오라고 잔소리했지만, 시차 때문에 몸은 천근만근 무겁고 만사가 귀찮았다. 전화를 끊고 주섬주섬 일어나 아이들과 첫 식사를 하고 창밖을 내다보면 길가에 사람 한 명 보이지 않고 고요하기만 했다. '다들 차로만 다니나?' 한낮의 햇살이 반짝거리며 나뭇잎 사이에서 부서졌다. 나가서 동네라도 한 바퀴 휙 돌아보고 올까, 생각하다가 이내 포기했다. 막상 집을 나섰다가 우리 집을 못 찾으면 어쩌지? 혹시나 길에서 이상한 사람이라도 만나면? 하는 걱정이 앞섰다. 다행히 내가 사는 도시는 매우 안전하다고 들었지만, 미국은 어디나 총기 사고로부터 자유로울 순 없으니까. '한국이었으면 대한민국 어디 구석으로 가도 낯가리지 않고 잘 살 자신이 있는

데.' 언어가 통하지 않는다는 것은 생각보다 큰 두려움이었다.

  결국 보다 못한 남편이 주말에 산책하자며 집 근처 트레일로 가족들을 데리고 갔다. 길은 딸이 앞으로 다니게 될 중학교 옆에서 시작해 마을을 가로질러 길게 이어져 있었다. 이곳의 트레일은 우리나라에서 흔히 볼 수 있는 나무가 울창한 숲길이 아니었다. 잔디밭과 키 작은 조경이 이어져 마치 벌판을 가로지르는 듯했다. 산책로 양쪽에는 한 번도 본 적 없는 식물들이 심겨 있었는데 특히 다육식물이 눈길을 끌었다. 흔히 알고 있던 작고 앙증맞은 다육이 아니라 지름이 30~50cm쯤 되는 거대한 크기라 신기했다. 잔디밭 저 멀리 나무 그늘에 돗자리를 펴고 평화로이 소풍 중인 가족이 보였다. 내 옆으로 조깅하는 남녀가 반팔에 반바지를 입고 지나갔다. 12월에 반팔이라니 웬일인가 싶었지만, 과연 캘리포니아의 햇살은 뜨겁고 강해서 걷다 보니 나도 땀이 나기 시작했다. 반팔을 입고 나와야 했나. 핑크와 보라색이 섞인 커다란 꽃 옆을 지날 때 작은 새 한 마리가 포르르 날아와 이 꽃에서 저 꽃으로 윙윙거리며 옮겨 날았다. 날갯짓이 빨라서 순간적으로 이 새가 벌새라는 것을 알아차리고 애들과 동영상을 찍고 난리였다. 듣던 대로 벌새는 아주 작고 색이 화려했다. 난생처음 본 벌새도 신기했지만, 12월에 꽃을 볼 수 있다는 사실도 놀라웠다. 지구 반대편에서는 지금 눈이 내리고 있는데 여기서는 꽃과 나무를 사시사철 볼 수 있으리라 생각하니 마음 한구석에 기대가 생겨났다.

그날의 첫 산책은 낯선 땅에 대한 두려움을 새로운 생활에 대한 설렘으로 바꿔주었다. 다행히 내가 사는 도시는 녹지가 풍부해서 도시 전체가 마치 하나의 큰 공원 같았다. 그 이후로 나는 자주 아들을 데리고 집 밖으로 나가서 조금씩 걸으며 탐험하듯 동네를 익혀나갔다. 처음에는 아이 학교까지, 그다음에는 공원, 마트, 도서관 이렇게 조금씩 행동반경을 넓혀가며 차츰차츰 일상의 루틴을 만들어 나갔다. 커뮤니티 컬리지 ESL 수업을 등록하기 위해 초행길을 운전해야 했을 때는 속으로 '할 수 있어!'를 몇 번을 되뇌었는지. 그 도전 덕분에 귀국할 때까지 계속 영어를 배우며 외국인 친구들과 소중하고 행복한 시간을 보낼 수 있었다.

학기 중에는 매일 아침 두 아이를 각각 학교에 데려다주고 하교 시간에 맞춰서 데리러 가야 했다. 다행히 작은아이가 다니는 초등학교는 걸어서 갈 수 있을 만큼 가까워서 시간이 빠듯할 때가 아니면 차를 두고 걸어갔다. 등하교 시간에 걸으면 따로 시간을 내지 않아도 자연스럽게 매일 산책을 하게 되었다. 앞만 보며 운전하는 것보다 걸으면서 아이와 대화할 수 있는 것도 좋았다. 아이를 학교에 들여보내고 집으로 돌아올 때 일부러 빙 둘러 걸으며 혼자만의 시간을 즐기곤 했다. 학교 근처 공원에서 거위 떼를 자주 만났다. 새벽이슬을 머금은 잔디 위에 수십 마리의 거위들이 앉아 있는 평화로운 풍경은 한 폭의 그림처럼 아름다웠다. 햇볕을 받으며 아침 산책을 하고 돌아오면 오늘 하루도 잘 지내야지 하는 긍정적인 마음이 생겨났다. 내가 사는 마을에는 키가 큰 사이프러스 나무가 많았는데 길을 걸을 때 이 나무 위를 오르락내리락하는 다람쥐들을 매일 만날 수 있었다. 이 동네 다람쥐들은 덩치도 크고 사람이 지나가도 경계심이 없었다. 가끔 다람쥐가 나무 아래로 내려와 내 앞에 서서 오물오물 열매를 먹곤 했는데 그 모습이 어찌나 귀여웠는지. 또 뜨거운 여름에는 길가에 나와서 일광욕하는 도마뱀을 흔하게 만날 수가 있었다. 도마뱀들은 내 발소리에 놀라 풀숲으로 후다닥 도망치곤 했다. 산책하면서 만나는 이런 소소한 발견에 호기심이 반짝거릴 때 자연스레 내가 지금 여행 중인 듯한 착각 아닌 착각이 들었다. 여행자의 사전적 정의는 '일정 기간 집을 떠나 각지를 두루 돌아다니는 사람'이니 틀린 말도 아니었다. 다만 나는 조금 긴 여행을 왔을 뿐. '여행 중'이라고 생각을 바꾸고 나니 이곳에 적응해야 한다는 마음의 짐이 가벼워졌다. 남들은 일부러 한 달 살기도 가는데 이 순간을 즐겨야겠다는 마음이 들었다. 하루하루가 그렇게 소중할 수가 없었다.

내가 특히 좋아하던 산책길이 있었다. 걷고 싶을 때 차를 몰고 15분 정도 달리면 아름다운 호수를 낀 산책로에 도착할 수 있었다. 반짝거리는 호수와 그 옆에 펼쳐진 잔디밭은 그냥 보기만 해도 마음이 시원하게 뚫리는 느낌이었다. 호숫가에는 테라스가 딸린, 오래된 목조 주택들이 줄지어 서 있었는데 어느 집이나 호수 쪽으로 난 테라스에는 작은 테이블과 의자가 놓여 있었다. 이곳에 사는 사람들은 매일 리조트에서 사는 것 같겠구나 싶었다. 올 때마다 잔디밭 위에 올라와 쉬고 있는 물오리 떼도 만나고, 돌 위로 헤엄쳐 올라와 일광욕하는 거북도 한참을 바라보았다. 그렇게 호수 산책로를 걷다 보면 어느새 마음이 편안해지고 너그러워졌다. 이런 자연을 즐길 수 있게 된 것에 감사했다.

  미국 생활에서 나를 지탱해 준 것은 단연코 아름다운 자연이었다. 자연 속에서 걷다 보면 긴장하고 작아지려는 마음에 설렘이 생겨났다. 내 마음의 근심과 두려움은 작아지거나 사라졌다. 그리고 또 하루를 살아냈다. 한국으로 돌아온 지금도 가끔 미국에서의 생활을 생각하면 광활하고 다채로운 자연과 푸른 잔디밭, 그곳에서 만난 동물들이 제일 먼저 떠오른다. 그리고 그 속에서 검게 그을린 얼굴로 환하게 웃던 아이들의 행복한 얼굴도. 내 마음을 위로해 주고 설렘을 안겨주었던 산책을 하며 오늘도 여행자의 마음으로 하루를 살아가려고 한다. 걷다 보면 어느새 마음속에 내리던 비가 그치고 반짝거리는 작은 햇살을 볼 수 있을 테니까.

> 예기치 않게 낯선 길을 걷다 보면 시간적 흐름에서 벗어난 느낌을 받는다.
> 순간적이긴 해도 이런 장소와 순간은 피정에 온 느낌을 준다.
> 긴 피정을 마친 것처럼 다시 일상으로 돌아오면 모든 것이 달라 보인다.
> ·········· 제니 오델, 『아무것도 하지 않는 법』

5
산티아고 길 위에서

(나윤영)

　편입 준비를 힘들게 하고 지원한 곳에 합격했지만 만족하지 못했다. 무언가를 꼭 얻어야만 가치 있다고 여긴 시간. 고생 끝에 낙이 온다고 했는데, 평안은 힘들게 얻어낸 결과로 오는 것은 아니었다. "아빠! 나 전 과목에서 한 개 틀렸어." "이거 이렇게 쉬운데 왜 못 맞췄어. 다 맞을 수 있었는데 그걸 왜 틀렸어?" 어릴 적, 화를 내시던 아버지의 말이 맴돌았다. 많은 세월이 흘러서 합격한 후에도 마찬가지였다. "더 좋은 학교였으면 좋았을 텐데 아쉽구나." 기뻐하시는 모습은 볼 수 없었다. '왜 나는 항상 이 모양인 거지.' 아버지의 기준이 내 생각이 되었던 것인지 스스로를 인정하고 만족하는 것이 힘들었다. 있는 그대로의 내가 아닌 성취를 계속 이루어 가치를 증명해 내야 하는 그런 삶. 그리고 그 결과마저도 아쉽고 만족할 수 없는 현실이 암담했다. 새롭게 들어간 학교생활에 적응하지 못한 채 방향을 잃고 막연하게 다른 것을 찾아 이루어야 한다고 생각했다. 어떤 것을 이루어야 사람들이 나를 좀 알아줄까? 아무리 생각해 보아도 텅 빈 껍데기에 군더더기를 더할 뿐이었다. 방향을 잃고 방황하고 있을 때 누군가가 산티아고 순례길을 걸어보라고 했다. "그 길을 걸으면서 너를 천천히 돌아봐. 분명 변화가 있을 거야. 버킷리스트인데 난 못했지만."이라고. 왠지 모를 기대감이 생겼다. 산티아고에 도착하면 분명 얻게 되는 무언가가 있을 것 같았다.

 2009년 늦은 여름, 조금이라도 변화를 볼 수 있을까 해서 떠났던 길. 매장에서 오래 걸어도 좋을 만한 운동화를 고르고 후기 좋은 오리털 침낭과 각종 도구를 챙겨 떠났다. 그렇게 처음 매었던 배낭은 9.5킬로나 되었고 평소 걷기도 좋아하지 않았던 나에게 그 무게는 견디기 힘들었다. 마치 군대 행군하는 것 같았다. 조그마한 체구에 낑낑거리며 피레네산맥을 오르는 것을 보더니 한 브라질 친구는 내 짐가방을 반쯤 짊어지고 가주기도 했다. 그러다가 목적지인 산티아고 대성당 가까운 마을로 짐을 택배로 부치면 보관해 준다는 사실을 알게 되었다. 길 위에서 꼭 필요한 것만 두고 다 보냈더니 6킬로그램도 안 되었다. 걷는 건 두 다리만 있으면 되니까. 가벼워지니 날아갈 것 같았다. 나는 생각보다 아주 적은 짐으로 살아갈 수 있다는 것을 깨달았다.

 노란 화살표와 가리비 모양의 마크만 있으면 그곳이 바로 순례길이었다. 노란 화살표로만 가면 맞게 가는 것이었다. 목적과 방향을 잃었던 내 삶에서 하나의 이정표에 의지하며 목적지를 향해 걷는 것 자체로 마음에 평안을 얻었다. 아침에 지도를 보고 하루 동안 머물기로 한 마을을 찍고, 두 발로 뚜벅뚜벅 이정표만 따라 걸었다. 푸르른 하늘과 들판 사이로 난 끝없는 길. 하루 약 25km를 홀로 걸을 때 느껴지는 건 외로움이 아니었다. 누가 보지 않아도 뚜렷한 목적을 향해 매일 나아가고 있다는 대견함이었다. 혹시 배고플까 봐 준비한 바게트를 매일 배낭에 꽂고 걸었다. 그러고는 허기질 때마다 가장 저렴했던 빵인 바게트를 질긴 고기처럼 뜯어 먹었다. 먹은 빵을 다시 배낭에 꽂아 넣고 얼마쯤 혼자 걷다 보면 걷고 있는 다른 이들을 만났다. 같은 목적지를 향해 함께 같은 길을 걷는다는 것이 그런 것일까. 마치 오랜만에 만난 친구처럼 반갑게 느껴졌다.

하루는 프랑스 아주머니와 길을 걸었다. 길을 걷다가 동화같이 감탄이 나오는 풍경을 마주했다. 영어를 한마디도 못 하는 아주머니와 소통하려고 손짓, 발짓하면서 나랑 같이 여기서 멈추고, 요가하자는 것을 알았다. 우리 둘은 양 떼가 보이는 들판에서 함께 요가를 했다. 도착해야 하는 시간을 정해놓지 않았기에 걷다가 하늘이 보고 싶어 들판에 누워 있는 시간도 종종 있었다. 얼마쯤 잤을까. 다시 일어나서 걸었다. 남들보다 조금 늦게 도착했지만 별로 상관이 없었다. 내 속도대로 걷는다는 것은 그런 것이었다.

걷는 속도가 비슷해 이탈리아 노부부와 길에서 자주 만났다. 그 부부는 세계여행을 다니느라 집도 너무 작고 가난하다고 했다. 넉넉한 미소와 여유 있는 태도가 부유한 느낌이 드는 분들이었다. 나를 보면 "윤영!"이라고 웃으며 정말 좋아해 주셨다. 하루는 이탈리아식의 스파게티라며 함께 재료를 사서 만들어주셨는데 얼마나 맛있던지 큰 냄비째 먹었더니 나를 너무 예쁘게 보시며 우리 할머니같이 더 먹어, 더 먹으라 하셨다. 마음이 온기로 가득해졌다.

산티아고 길은 풍요로운 땅이다. 가을이 다가오며 알밤으로 가득한 길이 나타났다. 통통한 알밤들이 수두룩했다. 외국인 순례객들은 그 알밤에 전혀 관심이 없었는데 나는 그때부터 줍기 위해 땅만 보고 걸었다. 밤을 삶아서 먹고 이탈리아 노부부에게 밤 케이크도 해드려야지!라는 생각으로 배낭에 채워 넣기 시작했다. 넣을 수 있는 모든 곳에 쑤셔 넣었더니 온갖 주머니마다 밤으로 꽉 찼다. 밤을 얼마나 과하게 넣었던 건지 너무 무거워서 걷는 것조차 힘들어졌다. 어기적어기적 걷다가 밤 케이크 분량의 밤들만 남겨놓고 모두 빼버렸다. 욕심을 비우면서 하나씩 버릴 때마다 발걸음도 마음도 가벼워졌다. 마을에 도착한 나는 숙소에 짐을 풀고 밤 케이크 할 재료를 사러 나갔다. 고구마 케이크처럼 만들기 위해 밤을 삶아 으깨고, 우유와 생크림을 섞어 케이크 모양을 만들었다. 카스텔라를 긁어 그 가루를 뿌렸다. 밤 케이크가 그럴듯하게 완성되었고, 노부부에게 드렸더니 "서프라이즈~ 윤영 매직! 매직!"을 외치며 너무나 좋아해 주셨다. 작고 볼품없는 케이크였지만 내 정성과 노력을 알아주신 것 같아 기뻤다.

드디어 34일 만에 800km의 긴 여정을 마치고 산티아고에 도착했다. 댕, 댕 울리는 산티아고 대성당의 종소리가 들렸고 너나 할 것 없이 서로를 축하하며 함께 사진을 찍었다. 그러나 그 순간을 한껏 즐기지 못하고 나는 스스로 물었다. '산티아고에 가면 분명 달라질 거라고 기대했잖아. 그래서 윤영아. 네가 변화한 게 뭐야?' 변화를 기대하며 걸었기에, 목적지인 산티아고에서 나에게 일어난 변화를 찾았다. 마치 변화가 없는 듯 느껴졌다. 그런데 그 순간 산티아고 길에서 겪은 수많은 일들이 머릿속을 스쳐 지나갔다. 감사한 사람들, 따뜻했던 저녁 식사, 길을 잠시 함께 걸었을 뿐인데 정들었던 사람들, 누군가를 위해 밤 케이크 요리했던 것, 배낭의 짐들을 잔뜩 덜어내고도 풍요롭게 살 수 있음을 느꼈던 일, 물집이 잡히고도 씩씩하게 걸었던 내 모습, 새벽부터 걸었지만 힘들어도 웃었던 내 모습…. 있는 그대로의 내 모습이 싫지 않았다. 내가 자랑스러워졌다. 진정한 변화는 성취한 끝에 있는 것이 아니라 하루하루 열심히 걷고 사람들과 웃었던 과정 가운데 있었다는 걸 길 위에서 알게 되었다.

산티아고 길은 나를 찾아 떠나는 길이라고도 한다. 저마다의 사연을 가지고 오는 그 길 끝에서 자신을 돌아보고, 답을 찾기 위해서일 것이다. 내가 원하는 삶은 많은 것을 이루어내는 것에 있는 것이 아니었다. 산티아고 길 위에서 채우는 삶이 아닌, 있는 것에 만족하고 사람들과 함께 웃는 삶을 배웠다. 내가 가진 것에 만족하지 못할 때마다 적은 것으로 함께 웃을 수 있었던 산티아고 길을 떠올린다. 가끔 욕심이 날 때마다. 가끔 없는 것에 집중해서 괴로울 때마다.

행복은 뭔가 얻으려고 가는 길 위에 있는 것이 아니라 길 자체가 행복이라고. 그리고 네가 만나는 사람이 모두 힘든 싸움을 하고 있기 때문에 친절해야 한다고.

·········· 김호연, 『불편한 편의점』

6
어지러운 생각을 흩어버리다

(남보라)

    2023년은 천국과 지옥을 오가는 한 해였다. 그해 4월 임신을 하며 한동안 행복한 시간을 보냈으나 행복은 그리 오래가지 못했다. 내 몸에 자리 잡은 크고 작은 근종 덩어리 때문에 약 10주 정도를 '근종 통'에 시달렸다. 몇 번의 입·퇴원을 반복했고 결국, 더 이상 견디지 못하고 양막파수로 8월에 작은 아기천사와 이별해야만 했다. 후유증으로 한동안 침대에 누워만 지냈다. 남편의 위로도 귀에 들어오지 않았으며 부모님의 연락도 받지 않았다.

    힘든 시련을 마주하게 되면 나는 혼자만의 세계로 들어가 버리는 경우가 많았다. 침대와 한 몸이 되어 하루 종일 누워있거나 소파에 앉아 하릴없이 게임만 하기도 했다. 그렇게 스스로 외부와 단절시켜 버렸다. 이때도 그랬다. 그런 나날이 이어지던 어느 날 문득 사랑하는 사람들이 떠올랐다. 이대로는 안 되겠다는 생각이 들었다. 집에 혼자 있으니 더욱 수렁으로 빠지는 것 같아 힘을 내어 우선은 일어났다.

'오늘은 잠깐이라도 걸어볼까?'

몸이 깨면, 정신도 깰지 모르겠다는 생각으로 집 근처 호만천 산책로로 향했다. 걷는 게 너무 오랜만이라 한발 한발이 어찌나 무거운지, 목표 지점까지 가는 것부터가 난관이었다. 겨우 아파트를 빠져나왔는데 돌아가고 싶은 마음이 굴뚝같았다. 하지만, 나를 걱정해 주고 있는 우리 가족들을 생각하며 비록 느리지만 앞으로 나아가기 위해 애썼다.

마침내 도착한 호만천. 아프기 전에는 너무나도 익숙한 길이었지만 왜인지 어색하게만 느껴졌다. 가을이라고 하기엔 아직은 무더운 9월이기에 발걸음은 더 무거웠다. 그래도 한 걸음씩 내디딜 때마다 달라지는 풍경을 보며 산책을 시작했다. 날씨 탓인지 아직 물들지 않은 나무들 덕분에 초록이 무성했다. 그 아래를 수많은 이들이 걷고 있었다. 가족들끼리 나온 사람들, 반려견과 함께 산책하는 사람들, 친구들끼리 몰려다니며 웃음소리가 끊이지 않는 학생들. 그들 틈에 섞여 걷고 있으니 나도 뭔가 평범한 일상을 살아가는 느낌이 들었다. 육체적인 고통과 상실감에 힘들고 아픈 날을 보냈었지만 어쨌든 나도 여기에 나와 다른 사람들처럼 걷고 있다는 생각이 들었다. 그러고 나니 앞으로의 계획이 머릿속에 그려졌다. 계획이라기엔 평범하기 그지없었지만.

'우선 일본어 학원부터 등록해야겠다. 그리고 전처럼 취미 생활로 보석 자수도 좀 해봐야지. 아, 그전에 남편 도시락부터 다시 만들어줘야겠다!'

처음엔 나가기조차 싫었지만 앞으로 이어진 길을 따라 걷다 보면 아팠던 시간과 기억들도 지금 뒤로 지나가는 풍경들처럼 지나가지 않을까 하며 스스로 위로하게 되었다. 이후 혼자 혹은 남편과 함께 산책하며 지쳤던 몸과 마음이 점점 회복됨을 느꼈다.

유산의 가장 큰 원인은 '다발성 거대자궁근종'이었다. 재임신을 위해서는 반드시 근종 제거 수술을 받아야 한다고 했다. 유산 후 5개월 정도의 회복 기간이 지난 뒤에야 담당 교수님의 진료를 받을 수 있었다. 크기며 개수며, 위치까지 모두 평범하지 않았기에 개복수술이 불가피했다. 지금까지 몸에 칼을 대본 적이 한 번도 없어서 두려움은 더욱 컸다. 하지만 그때 몸 상태로는 재임신은커녕 평범한 일상생활도 점점 힘들어지고 있었다. 더 고민할 것도 없이 해야만 했다. 감사히 병원에서도 몸 상태의 심각성을 고려해 최대한 빠른 그해 봄으로 일정을 잡아주었다. 하지만 그 과정이 순탄할 리 없었다. 수술이 점점 다가오던 어느 날, 전공의 파업으로 인해 수술이 무기한 연기가 되었다는 소식을 들었다. 그러는 사이 자궁은 점점 더 강하게 수축하여 불면증에 시달렸고 생리는 멈추지도 않고 2달간 계속되었다. 게다가 수술 후 회복 기간까지 생각한다면 다시 임신을 준비하는 사람에겐 너무나도 뼈아픈 시간이 흘러가고 있었다. 또 다시 실의에 빠졌다. 왜 이렇게 내 뜻대로 되는 게 하나도 없을까 하고. 그때 이야기를 묵묵히 들어 주던 지인 한 분이 손을 내밀었다.

"일주일에 한 번씩 나랑 호만천 걸을래요?"

아무것도 하고 싶지 않았던 시기였기에 '아프다고 하고 거절할까? 내가 지금 사람을 기분 좋게 만날 수 있을까?' 하는 마음이 앞섰다. 그때 남편이 기분 전환 겸 한 번 나가보는 것도 좋을 것 같다며 등을 떠밀었다. 잠깐의 고민 끝에 그러겠다고 답장했다. 그렇게 나의 일정에 매주 한 번의 산책 시간이 추가되었다. 그분과 함께한 산책은 결론부터 얘기하자면 완벽했다. 아이스 바닐라 라테를 손에 들고, 봄날의 따뜻한 공기와 꽃내음, 여기저기 피어 있는 벚꽃들과 사이사이 섞인 샛노란 개나리들을 보며 걸으면 그 순간만큼은 걱정 근심이 다 사라졌다. 거기다 발걸음에 맞춰 계속 이어지는 수다 속에 나도 모르게 덩달아 웃고, 떠들고 있었다. 점점 산책 시간이 기다려졌고, 그 시간은 한 주 한 주를 버티는 큰 원동력이 되었다. 덕분에 건강한 몸과 마음으로 무사히 수술받을 수 있었다. 그리고 그 후 채 1년이 되지 않은 올해 봄날, 나는 뱃속에 또 하나의 심장이 뛰고 있다는 것을 알게 되었다. 아프고 힘들었던 시간을 겪었던 만큼 기쁨도 배가 되었다. 물론 여전히 두려운 마음도 있지만, 이번만큼은 건강한 몸으로 꼭 지키리라 다짐하며 산책에 나섰다.

'산책하면 정신이 맑아지고 마음이 정리된다'라는 말을 수도 없이 들어왔지만, 진심으로 새겨들은 적은 없었다. 내게 산책은 풍류나 사람 구경에 조금 더 초점을 둔 활동이었다. 하지만 최근 3년간의 아픔과 좌절을 통해 산책이 주는 정신적 영향력을 깨달을 수 있었다. 산책은 흩을 '산(散)'에 꾀 '책(策)'으로 이루어진 한자어로, 어지러운 생각을 흩어버린다는 의미를 지니고 있다. 그 뜻을 새로 알고 나니 산책이라는 활동이 편안하게 다가왔다. 실제로 그 이후 자주 걸으러 나갈 수 있게 되었다. 특히나 마음이 힘들고 지칠 때는 억지로라도 일어났다. 예전에는 정신과 약이 최고인 줄 알았는데, 이제는 산책이 나에게 위로가 되고 약이 되어준다. 앞으로 한 걸음을 내딛는 건 하나의 아픔을 나의 뒤로 떨쳐내는 행위일지도 모르겠다. 그렇게도 나약했던 내가 산책과 함께 '지금'을 열심히 살아내고 있는 걸 보면.

멍하니 앉아서 쉬기도 하고 가끔 길을 잃어도 서두르지 않는 법, 언젠가는 나도 알게 되겠지.
이 길이 곧 나에게 가르쳐 줄 테니까.

.... 김동률, 〈출발〉

7
걸음마다 그려지는 나의 길

유하나

　어릴 적 나는 〈달려라 하니〉라는 만화를 제일 좋아했다. 방송 시간이 되면 텔레비전 앞에 자리를 잡고 앉아 시작하기를 기다렸다. 하니는 달리기를 잘하는 아이였고, 엄마가 그리울 때나 마음속 슬픔이 차오를 때마다 힘껏 달렸다. 하니가 엄마를 그리워하는 장면이 나오면 나는 눈물이 났다. 나 역시 엄마가 보고 싶어서였다. 내가 두 살이 되기 전에 부모님은 이혼하셨고, 나는 이모네서 할머니 손에 자랐다. 그러니 부모님 없이 혼자 살아가는 하니를 보면서 어린 마음에도 감정이입이 되었던 모양이다. 학교에서 돌아오면 집에는 늘 아무도 없었다. 이모와 할머니는 경제활동을 하느라 바빴고 사촌 언니와 오빠는 고등학생이라 얼굴 보기도 힘들었다. 저녁 늦게 가족들이 돌아올 때까지 나는 혼자였다. 학교에서 돌아오면 가방을 내던지고 밖으로 나갔다. 우리 집 마당에는 큰 목련 나무와 포도 넝쿨이 있었다. 목련은 봄이면 하얀 꽃잎을 피웠고 포도나무는 여름이면 작은 열매를 맺었다. 나는 그 마당이 좋았다. 혼자 앉아 흙을 만지거나 목련 아래에서 그림을 그리기도 했고, 나뭇가지 사이로 떨어지는 햇빛을 한참 바라보며 시간을 보내기도 했다. 그것마저 지겨워지면 골목으로 나갔다. 지금은 아파트가 가득한 동네로 변했지만, 그때는 2층짜리 양옥집들이 줄지어 이어진 골목이 많았다. 동네는 사계절 내내 다른 냄새와 소리를 품고 있었다. 아카시아꽃이 피는 계절이면 골목 전체에 향기가 퍼졌고 여름이 가까워질 땐 담벼락 위로 장미 넝쿨이 타올랐다. 대문 앞에서 딱지치기하는 아이들과 골목 바닥에 그림을 그려놓고 땅따먹기하는 아이들로 가득했다.

그 아이들 속에서 함께 웃고 떠들며 노는 걸 좋아했지만 혼자만의 시간도 좋아했다. 내 허리에는 친한 친구처럼 줄넘기가 늘 매여있었다. 내가 마치 하니가 된 것처럼 엄마를 생각하며 달렸다. 매일 익숙한 골목길을 넘어 낯선 동네까지 정말 열심히도 돌아다녔다. 목적지 없이 낯선 동네의 풍경을 구경하는 것을 유난히도 좋아했다. 새로운 동네에 있는 놀이터를 발견하는 일도 큰 재미였다. 놀이터의 기구들이 조금씩 달랐기 때문이다. 나는 놀이터에서 노는 아이들과 어렵지 않게 같이 놀았다. 새로운 풍경과 사람들이 좋았다. 그때만큼은 외롭지 않았기 때문이었을까. 그렇게 거의 매일 동네를 누비며 줄넘기를 넘었고, 걷는 것보다 달리는 시간이 더 많았다. 줄넘기 줄은 어느새 내 손에 가장 익숙한 물건이 되었고 달리기는 몸에 밴 습관처럼 자연스러워졌다.

그러던 어느 날 체육 시간에 달리기 시합을 했다. 나는 맨 앞에서 결승선을 통과했다. 체육 선생님은 내가 숨을 고르고 있을 때 다가와 물었다. "너, 육상부 해볼 생각 있니?" 선생님은 높이뛰기 대표 선수가 필요하다고 했다. 나는 그냥 고개를 끄덕였고 그게 시작이었다. 다음 날부터 매일 아침 남들보다 한 시간 빨리 등교해 운동장을 돌았다. 그 시간이 좋았다. 운동장을 돌며 들이마시는 새벽 공기의 차가움과 내 귀에 울리는 발소리는 나를 자유롭게 만들었다. 운동을 시작하고부터 조금씩 달라졌다. 높이뛰기를 할 때 내 한계를 넘는 기분이 들었고, 나 자신을 믿어야만 할 수 있는 일이란 걸 알게 되었다.

그러나 어른이 된 후, 그때처럼 쉽게 내달릴 수 있는 길은 없었다. 내 삶에서 외로움은 그 무엇으로도 치유될 수 없는 무거운 감정이 되어 있었다. 마음이 복잡하고 무거울수록 오히려 움직이기 어려웠다. 결혼을 통해 그 외로움을 끝낼 수 있을 줄 알았다. 내가 꿈꾸던 건 따뜻한 집이었다. 어릴 때 받지 못한 가족의 온기를 내 손으로 만들어낼 수 있을 거라고 믿었다. 하지만 현실은 기대와 너무 달랐다. 남편과의 연애 기간은 겨우 다섯 달이었고, 우리는 서로를 잘 알지 못한 채 결혼했다. 그리고 바로 부모가 되었다. 세상 물정도, 육아도, 서로의 감정도 잘 모르던 시절이었다. 신생아의 끝없는 울음과 수유, 잠들지 못한 밤들 속에서 나는 점점 말이 줄어들었고 남편과의 관계는 점점 어려워졌다. 함께 살고 있지만 마음은 멀어졌다. 대화를 나누는 시간보다 서로를 오해하거나 피하는 시간이 늘었다. 더 깊은 고립에 들어가는 기분이었고 집이라는 공간은 숨이 막혔다. 외로움을 벗어나고 싶어서 선택한 결혼이었는데 오히려 그 안에서 더 큰 외로움에 사로잡혔다.

늘 나를 위로해 줄 사람을 찾았다. 내 마음을 알아주는 사람이 있다면 버틸 수 있을 거라 생각했다. 하지만 그런 사람은 없었다. 남편에게 말을 꺼내 보기도 했다. 하지만 돌아오는 대답은 언제나 같았다. "나도 힘들어." 이 말이 나쁜 의도에서 비롯된 것이 아니라는 걸 알면서도 매번 마음이 무너졌다. 그래서 마음이 복잡하고 답답하면 아이를 재워놓고 그냥 밖으로 나갔다. 아이의 울음소리, 텔레비전 소리, 아무 말 없는 남편의 표정. 모든 것에서 잠시라도 떨어지고 싶었다. 가로등 불빛 아래 골목을 따라 걷다 보면 숨이 조금씩 쉬어졌다. 길에는 사람도 거의 없었고, 어디로 가는지 정해진 것도 없었다. 그냥 발길이 가는 대로 걸었다. 걷는 동안 문득 오래전 기억이 떠올랐다. 어릴 때, 줄넘기를 허리에 매고 혼자 동네를 누비던 나. 달리면서 아무 생각 없이 몸을 움직이던 그때의 내가 떠올랐다. 외로웠지만 무너지지 않았다. 아무도 내 이야기를 들어주지 않아도 나는 내 방식대로 괜찮아지고 있었다. 어쩌면 나는 그 시절부터 스스로 다독이는 법을 알고 있었는지도 모른다.

그렇게 다시 걷고, 뛰기 시작했다. 처음엔 답답한 마음을 달래기 위해 무작정 걸었다. 그러다 힘껏 내달리기도 했다. 누군가의 위로보다 두 발로 내딛는 한 걸음이 더 큰 힘이 되었다. 지금도 여전히 운동화를 질끈 매고 나갈 때면 나도 모를 설렘이 생긴다. 어디를 가겠다는 목적 없이 나설 때, 내 움직임이 어릴 적 나와 이어져 있다는 걸 느낀다. 운동화를 신고 천천히 발을 옮기면 어릴 때 느꼈던 자유의 감각이 조용히 되살아난다. 지금의 나는 그때보다 복잡하지만, 감정을 들여다보고 받아들일 수 있는 여유가 생겼다. 그렇게 수많은 걸음 끝에 나는 다시 중심을 찾게 되었다. 이제는 누군가의 위로를 기다리지 않는다. 내 마음 깊이 떠오르는 질문에 가장 정직하게 답해줄 수 있는 사람은 결국 나 자신이라는 걸 알게 되었으니까. 그러니 내일도 운동화 끈을 조여 매고, 나답게 살아가기 위한 걸음을 다시 시작해 볼 것이다.

진정으로 위대한 모든 생각은 걸을 때 나온다.

.... 프리드리히 니체, 「황혼의 우상」

8
폭싹 속았수다,
사랑햄수다

(장인실)

　양관식은 바로 우리 남편이었다. 〈폭싹 속았수다〉를 봤다. [1] [2]요망지고 당찬 오애순 역으로 나온 아이유가 유난히 눈에 들어왔다. 그녀가 어쩐지 낯설지 않았다. 바로 내 옆집에 살고 있을 것 같은, 아니면 어느 시절의 나 자신 같기도 한 그런 친근한 사람이었다. 어느 주말, 동생과 이야기를 나눈 뒤에야 나는 그 이유를 알 수 있었다. 오애순은 다름 아닌 나였고, 남편은 양관식이었다. 나는 제주에서 태어났고, 애순이가 시집가고 싶다던 서울 놈에게 시집을 왔다. 연애 때 나의 양관식은 단 한 번도 목소리를 높인 적이 없었다. 그는 왕복 두 시간 걸리는 거리를 꼬박꼬박 차로 데려다주었고, 등반길에 등산화 끈이 풀리기라도 하면, 조용히 내 앞에 무릎 꿇고 앉아 양쪽 고리를 교차시켜 다시 안 풀리게 단단히 묶어주었

1　'수고하셨습니다' 뜻의 제주 방언
2　'야무지고 똑똑하다' 뜻의 제주 방언

다. 그런 사소한 것들, 크게 말하지 않아도 자꾸 마음에 남는 것, 다 그런 것들을 나의 양관식 씨는 말없이 해주었다. 지금 남편은 양관식을 닮았지만, 그 속엔 부상길의 모습도 조금은 섞여 있다. 남편은 아이의 작은 실수에도 분노하는 모습이 자주 보였다. "너는 몇 살인데, 아직도 그걸 못해." 나에게도 건네는 말들이 차가웠다. "내가 다 맞춰 줘야 해?" "예민하게 굴지 마." 연애 시절, '당신의 머슴이 되겠다'라고 말하던 그 남자, 한없이 다정했던 서울 사람은 어디로 갔을까? 그 질문 앞에서 내가 짚고 넘어가야 할 것은, 그 변화에 한몫한 사람이 바로 나라는 사실이었다.

거듭되는 유산은 나를 무기력하게 만들었다. 감정을 돌볼 여유가 없을 때, 무기력은 가장 가까운 이를 상처 내는 분노로 변한다. 그게 나에게는 남편이었다. 내 남자는 나의 그런 모습조차 변함없이 사랑해 줄 거라고 믿었다. 내 사랑은 굳이 표현하지 않아도 그가 알아주리라고 믿었고, 나는 그 믿음 속에서 매일 투덜댔다. 그 세월이 10년을 넘기자, 그토록 상냥하던 남편도 변해갔다.

그는 자신의 동굴 속으로 들어갔다. 그곳에서 피규어를 만들고, 영상을 보면서, 말을 잃어갔다. 그의 이런 모습은 나를 더욱 힘들게 했다. 나 역시 이 낯선 곳에서 적응하지 못하고 어딘가 허전한 마음으로 살았다. 나는 다정한 성격도 아니었고, 사람들과 금세 친해지는 친화력도 없었다. 그래서 더 남편에게 의존했는지도 모르겠다. 내 안의 공허를 메우기 위해, 더 깊이 남편에게 매달렸다. 하지만 그 선택은 옳지 않았다. 이대로 가다간 우리 둘 다 망가질 것 같았다. 앞은 보이지 않고 어두운 그림자만 짙어졌다. 그 어둠을 더 이상 방치할 수 없었다. 그래서 나는 책 속으로 눈을 돌렸다. 책 속의 문장 하나가 나를 위로해 줄 거라 믿으며, 사람 대신 책 숲을 만나러 집에서 십여 분이면 닿는 거리에 있는 내손 도서관을 다니기 시작했다. 사부작사부작 걷는 일, 그 자체가 나에게는 작은 기도와 같았다. 숨을 고르고, 주변을 바라보고, 내 안을 들여다보는 시간. 숨 가쁘게 달리는 세상 속에서 천천히 걷는다는 것만으로도 나는 충분히 살아 있음을 느꼈다. 도서관으로 출퇴근하는 삶. 누군가에겐 한가롭게 느껴질 수도 있고, 또 누군가에겐 부러운 일일 수도 있다. 하지만 나에게 이 길은 하루하루를 살아가는 데 필요한 영혼의 양식이었다.

   책을 읽으며, 나는 겨우 내가 누구였는지를 기억해내려 애썼다. 그저 생각이 흐르는 대로, 마음이 이끄는 대로 걷다 보면, 어느새 도서관 앞이었다. 도서관은 나를 불러주지는 않았다. 어디선가 "어서 오세요." 하고 따뜻하게 맞아주는 것도 아니었다. 도서관은 말이 없었지만, 조용히 나를 기다려주었다. 나 같은 사람이 찾아올 수도 있다는 것을 아는 듯이, 아무 말 없이 나를 받아주었다. 존재만으로도 충분한 위로였다.

지난주, 친구들이랑 설악산 산행하고 돌아온 남편은 친구들과 어울리는 대신, 나와 마주 앉았다. 50도에 가까운 고량주 한 병을 앞에 두고, 우리는 지나온 삶과 앞으로 남은 시간에 대해 조용히 이야기를 나누었다.

"여보, 당신은 양관식이랑 살아서 좋지. 나 인생 점수로 90점 정도는 되지 않을까?"

"어머, 본인이 그렇게 점수가 높다고 생각해?"

"그럼. 아니야, 나처럼 당신에게도 잘하고 아이에게도 애쓰는 사람 흔치 않잖아. 나 꽤 괜찮은 남편 아니야?"

"그 자신감은 도대체 어디서 나오는 거야? 미안하지만, 내가 아무리 점수를 잘 줘도 당신은 한 30점 정도 되겠다. 그나마도 후하게 준 거야."

그랬더니 술을 조금 과하게 마신 남편이 슬픔에 겨워 오열했다.

"여보, 새벽에 일어나 다짐하면서 나가. 당신이랑, 아이 행복해하는 모습 지켜줘야겠다고! 나이가 들어가면서 그런지, 하는 일이 더 힘에 벅차. 젊은 사람들 흐름에 맞춰 일을 해야 하는데, 예전 같지 않아."

하면서 휴지로 눈물을 닦았다.

결혼 전 감성이 풍부했던 이 남자는 내 앞에서 많이도 울었다. 나이가 들어가면서 거동이 불편한 아버님과 그 아버님을 호령하는 장군이지만 소녀 같은 어머님을 걱정하면서. 결혼하고 나서는 내가 눈물바다였다. 아이를 잃고 나서 〈넝쿨째 굴러온 당신〉을 보며, 김남주가 유산하고 난 뒤 유준상 품에서 꺼이꺼이 운 날, 나는 남편의 무릎을 베고 누워있다가 나도 김남주처럼 울었다. 내 앞에서 다시 우는 남편을 보니 착잡한 생각이 들었다.

"참, 힘들었겠다. 당신, 내가 당신 맘을 너무 몰랐었다. 세상에 당연한 건 없는데."라고 말하면서 남편의 어깨를 토닥여주었다. "그리고 이참에 같이 산책해 보는 건 어때? 독서 모임에 우리 총무님은 남편하고 저녁 산책하면서 많은 대화를 한다고 하더라고. 그러면서 둘 사이가 다시 끈끈해졌다고 해."

우리는 백운호수의 고요한 물가를 따라 걷거나, 민백 공원의 나무 그늘 사이를 천천히 거닌다. 에나벨 스트리츠는 『걷는 존재』에서 동네 공원을 산책하고 단순히 경치를 보는 것만으로도 불안감이 줄어들고 차분해지며, 더구나 호수가 있는 풍경은 걷는 사람들에게 회복 효과를 준다고 했다. 호숫가에 반사되어 반짝이는 빛은 마음을 평온하게 해준다. 그 길을 따라 걸으면서, 남편은 다시 양관식으로 복귀 중이다. 비가 오는 날에는 우산을 들고 집 앞 민백 공원으로 데이트도 나가서, 좋아하는 꽃집에서 커피도 한 잔 마셔본다. 꽃집에서는 꽃들이 수다스럽다. 수국이 막 봉오리를 틔우고 있는 소리와, 라넌큘러스는 촘촘한 꽃잎으로 감정을 숨기는 소리가 난다. 커피를 주문하고, 작은 의자에 앉아 있노라면 마치 꽃들로 둘러싸인 시간이 우주의 다른 공간으로 존재하는 것 같다. 양관식과 마시는 따뜻한 한 잔이 커피가 전해주는 온기, 그 안에 깃든 정성과 배려가 하루를 다시 고요하게 덮어준다. 꽃을 바라보며 커피를 마시는 이 짧은 시간이, 생각보다 긴 위로가 된다는 사실을 요즘 부쩍 자주 실감한다.

사랑은 대단한 것이 아니라, 하루 세 번 따뜻한 밥상을 챙겨주고, 함께 걷고, 마음을 들어주는 것이다. 내 옆에 있는 사람의 손을 꼭 잡고서 걷는다. 우리 사랑은 아직도, 그리고 여전히, 진행 중이다. 올해 봄은 유난히 아름다웠다고 기억될 것이다. 그리고 나는 나의 양관식에게 이렇게 속삭인다.

"폭싹 속았수다. [3]사랑햄수다."

오로지 당신께.
아홉 살 적부터 여적지, 당신 덕에 나 인생이 만날 봄이었습니다.
당신 없었으면 없었을 책입니다. 다시 만날 봄까지, 만날 봄인 듯 살겠습니다.
········· 드라마 〈폭싹 속았수다〉

---

3 '사랑합니다' 뜻의 제주 방언

9
산딸나무야, 안녕

(정가주)

"자두는 사람으로 치자면 공부 쪽이 아니라 체육 쪽이에요. 체육. 그만큼 활발하고 사람 좋아하고요."

예방접종하러 동물 병원에 간 날, 의사 선생님은 잠시도 가만히 있지 못하는 자두를 보며 이렇게 말했다. 자두는 정신 줄 쏙 빼놓는 에너지 많은 강아지다. 이제 두 살인데 밖에 나가면 보는 사람마다 반갑다며 좋다고 난리다. 하루에 딱 한 번 바깥세상 보는 자두는 있는 힘껏 에너지를 다 써서 신나게 논다. 그 덕분에 나도 강제로 바깥 산책을 하긴 하지만.

오전에는 주로 집에서 책을 읽거나 신문을 보거나 글을 쓴다. 조용히 혼자 있는 시간이 좋은데, 자두 때문에 마냥 아무 말 않고 있는 게 미안하다. 옆에서 공 던지고 놀아주고 말도 걸어줘야 하는데. 책상에 앉은 나를 보면 집으로 쏙 들어가 잠을 잔다. 그런 자두가 안쓰러워 책 읽다가 한번, 글 쓰다가 한 번씩 "자두야." 하고 부른다. 자두는 나에게 바라는 게 많다. 내 품에 안겨 있는 것도 좋아한다. 실컷 자고 놀고 싶을 때, 배고플 때 의자에 앉아 있는 내게 와서 다리를 건드린다. 놀아달라고, 밥 달라고. 자유 시간을 뺏기기가 싫어 나는 애써 외면하지만, 어느 순간 미안해진다. 어제도 그랬다. 커피 한 잔 더 마시려고 일어나는 순간 눈이 마주쳤다. 짖지도 않고 그냥 그 자리에 딱 앉아 나를 물끄러미 바라본다. "자두야 우리 나갈까?" 내가 무슨 말을 하는지 다 아는 것처럼, 간식 줄까 하면 펄쩍펄쩍 있는 힘을 다해 뛰고 나갈까 하면 뱅뱅 돈다. 아직 할 일이 더 남아 있는데 해가 더 쨍해지기 전에 산책할 채비를 했다. 물병이랑 훈련용 간식, 배변 봉투를 챙겨 나섰다. 밖에 나오니 코를 킁킁거린다. 화단 초록 풀을 뜯어 먹기도 하고 잔디밭으로 들어가려고 머리를 안쪽으로 밀기도 한다. 오토바이 소리가 나면 멍멍 짖으며 따라가고, 갈색 푸들을 만나면 짖다가 다가가서 코를 벌름벌름한다.

어제도 나무 밑 풀숲에서 뭔가를 발견한 자두는 내가 목줄을 잡아당겨도 다리에 힘을 주고 움직이지 않았다. '뭔가가 떨어져 있었던 게 분명해.' 할 수 없이 같이 멈춰서 앞에 있는 나무를 바라봤다. 풍성한 초록 잎 사이사이에 흰 꽃이 피어 있었다. 목련도 아니고 처음 보는 활짝 핀 네 장의 꽃잎. 궁금해서 일단 사진부터 찍었다. 앞으로 바짝 가서 보니 나무에 푯말이 쓰여 있다. 산딸나무. 네이버에 산딸나무를 검색해 보니 5월 하순부터

6월 초까지 꽃이 피고 가을엔 산딸기 모양의 열매가 맺힌단다. 맛이 좋아 새들의 먹잇감이 된다고 한다는데 열매가 딸기처럼 생겼다. 10년 넘게 이 아파트에서 살았는데 이걸 처음 보다니. 도톰하면서 십자가 모양으로 핀 흰 꽃 가운데에 방울처럼 수술이 달려있었다. 가까이 가서 꽃을 보고 사진을 찍었다. 계속 화단에서 킁킁 냄새 맡으며 놀고 있는 자두 덕분에.

옆에 있는 나무는 잎이 달라 이름을 보니 느티나무와 산수유였다. 나무에 매달아 놓은 작은 푯말에 이름이 적혀 있었다. 관리사무소 갈 때 늘 지나치는 곳인데 한 번도 유심히 본 적 없다. 나에겐 그냥 다 똑같은 나무였다. 산 앞에 살면서 정작 이름을 알고 있는 나무가 얼마나 될까. 벚나무, 아카시아, 느티나무, 단풍나무, 은행나무, 목련 나무, 소나무, 자작나무. 수많은 나무 가운데 내가 아는 나무는 몇 종류 되지 않았다.

코로나 때 답답해서 마스크 쓰고 숲에 자주 갔다. 그때는 숲에서도 불안해서 마스크를 쓰고 있었을 때였다. 아무도 없는 숲, 아이들은 나무를 아슬아슬하게 타고 올라갔다. 튼튼한 나무줄기에 기대어 숨을 크게 들이쉬고 먼 곳을 바라봤다. 차례대로 한 명씩 올라가 숲 냄새를 맡았다. 답답한 공기에서 잠시나마 자유를 느꼈다. 어릴 적 아이들에게 자주 읽어준 『소피가 화나면, 정말 정말 화나면』 그림책이 생각난다. 어린 동생과 싸워 화가 나고 속상한 소피는 집에서 나와 앞을 향해 달린다. 씩씩거리며 달려간 그곳은 숲이었다. 숲에 들어가기 전까지 온통 빨간색이었던 배경은 숲에 들어가며 푸른빛으로 바뀐다. 호흡이 잦아지고 새소리를 들으며 흙을 밟는 소피. 나무 위로 올라가 먼 곳을 본다. 파란 바다를 보며 살랑거리는 바람을 느끼며 마음이 편안해진다. 아이들에게 읽어주며 소피의 마음을 한번 느껴보자고 말했었다. 금방이라도 폭발해 버릴 것 같은 순간, 나무에 오르면 어떤 마음이 들지를.

   결혼 생활이 힘들 때마다 숲으로 달려갔다. 아마 머리에선 빨간 불을 뿜고 있었을 거다. 씩씩거리며 산을 올랐다. 사람이 없는 산길은 평소엔 무서웠지만 그때는 사람이 없는 게 오히려 다행이었다. 금방이라도 누가 말을 걸면 펑펑 울어버릴 마음이었으니까. 평소보다 두 배 빠른 속도로 언덕길을 올라갔다. 평소에는 갈 것 같지 않은 길까지 올라 가슴을 쫙 펴고 바위 위에 걸터앉아 풍경을 내려다봤다. 내가 살고 있는 아파트, 우리 동네의 모습이 한눈에 들어왔다. 숨을 훅 들이마시고 내쉬고를 몇 번 반복하고 다시 발을 떼고 한 걸음씩 내려오는 길에 주변 나무들이 눈에 들어왔다. 키가 하늘까지 맞닿은 울창한 초록 잎을 보며 마음이 점점 편안해졌다. 봄엔 앙상한 나뭇가지에 연둣빛 새순이 올라오는 나무가 좋았고, 여름엔 짙어진 초록 잎이 무성한 나무 그늘이 반가웠다. 가을엔 노란 은행잎이, 겨울엔 흰 눈이 소복하게 쌓인 나무도 한 점의 그림 같았다. 나무 이름, 풀꽃 이름에 관심을 가지기 시작한 것도 그때부터였다. 『천마산에 꽃이 있다』라는 책을 사서 사진을 보고 산에 가서 확인해 보며 이름을 익혔다. 이름을 알고 보니 더 관심이 생겼다. 어떤 계절에 자라고 지는지, 어떤 빛깔을 지니고 있는지 궁금해졌다.

 숲에서 걷는 시간은 내 마음을 돌보는 명상과 같았다. 일상에서 무심코 지나쳐 버리기 쉬운 '나'라는 존재를 다시 꺼내는 시간이었다. 생명이 있는 것에 관심을 기울이고 소리를 듣고 향기를 맡는 일은 나에게 집중하는 일이기도 했다. 이름을 알고 나면 그저 풍경이던 것이 나와 이야기를 나누는 존재가 된다. 하루에도 수십 번 지나치는 나무도, 꽃도, 익숙한 풍경들도 이름을 불러주는 순간, 무심히 지나치던 것들과 관계가 맺어진다. 엄마로서, 아내로서, 늘 누군가를 돌보느라 바쁜 나날이지만, 오늘만큼은 나도 나를 한번 불러주고 싶다. 이름을 불러준다는 건 인사를 나누는 일이니까.

"잘 지내고 있어?"
 산딸나무야, 안녕. 가주야, 안녕. 세상과 인사를 건네듯, 나에게도 조용히 말을 걸어본다.

 이름은 곧 존재이고, 참된 이름은 곧 참된 존재다. 이름을 부른다는 것은 그것을 다스리는 것이다.

·········· 어슐러 K. 르귄, 『어스시의 마법사』

10
걷는다는 건, 살아낸다는 것

(최보영)

　가족이라는 이름으로 버텼다. 하루하루를 버텨냈지만, 그 안에서 나는 점점 사라져갔다. 그러다 문득, 더는 이대로 살 수 없다는 생각이 들었다. 마음은 수없이 흔들렸고, 다잡았다가도 이내 주저앉았다. 가족이라는 틀을 깨는 건, 정해진 길에서 벗어나는 일처럼 두려웠다. 오래 망설이다 결국 놓았다. 확신도 버틸 힘도 없었다.

　법원에 가기 전날, 그가 말했다.

　"이건 네가 결정한 거야."

　그 말이 오래도록 아프게 남았다. 모든 짐이 덜컥 내 어깨에 얹힌 기분이었다. 함께 만든 시간까지 온전히 내 몫이 된 것 같았다. 괜찮다고 말할 수 없었다. 나는 정말 괜찮지 않았으니까.

　그런데도 평소처럼 지내려 애썼다. 아침이면 아무 일 없는 사람처럼 출근했다. 반복되는 일상 속으로 나를 밀어 넣었다. 그 안에 있는 편이 더 쉬웠다. 퇴근길엔 장을 보고 저녁을 준비했다. 평범한 주부인 척, 아무렇지 않은 하루를 살아내려 애썼다. 그렇게 사람들 사이에 섞여, 내가 생각하는 '정상적인 삶'을 억지로 붙들었다.

집에 들어서면 소파에 곧바로 눕는 날이 많아졌다. TV를 켜고 휴대전화를 들여다보다가 이내 눈을 감았다. 하지만 복잡한 생각들은 좀처럼 머릿속을 떠나지 않았다. 누군가 안부를 물어오면 괜히 부담스러웠다. 잘 지낸다고, 아무렇지 않다고 또 대답해야 하니까. 아무에게도 속마음을 털어놓지 못한 채, 들키지 않으려 애썼다. 겉으로는 멀쩡해 보여도 마음은 점점 지쳐 갔다. 누워 있는 시간이 길어질수록 몸도 무거워졌다. 하루가 저물어 가는데 나는 아무것도 하지 못했다. 일어나야 한다는 걸 알면서도 쉽게 움직이지 못했다. 그렇게 아무 말도 내뱉지 못하는 날들이 쌓이면서 서서히 무너져 가고 있었다.

그렇게 무너져 지내던 어느 날, 더 늦기 전에 몸을 일으켜야겠다는 생각이 들었다. 벌떡 일어났다. 휴대전화 하나만 집어 들고 집을 나섰다. 엘리베이터 버튼은 누르지 않았다. 망설일 틈도 없이 계단으로 향했다. 무작정 내려가기 시작했다. 27층. 중간쯤부터 다리가 후들거리기 시작했지만 멈추지 않았다. 거의 다 내려왔을 즈음, 숨이 턱끝까지 차서 잠시 멈췄다. 이상하게도 그 가쁜 숨결이 오히려 나를 붙잡는 듯했다.

차에 올라타 시동을 걸었다. 누가 쫓기라도 하는 사람처럼 곧장 출발

했다. 정신을 차려 보니 어느새 고속도로를 달리고 있었다. 뚜렷한 목적지는 없었다. 멀지는 않되 낯선 곳이면 좋겠다고 생각했다. 혼자 오래 걸을 수 있는 곳, 아는 사람 하나 없는 곳, 누구의 시선도 닿지 않고 어떤 역할도 필요 없는 공간이 간절했다. 엄마도, 아내도, 누군가의 동료도 아닌 채 그저 '나'로 있을 수 있는 장소가 필요했다.

그렇게 무작정 달리다 도착한 곳이 경주의 보문호였다. 주말인데도 입구는 한산했다. 넓은 공간 속에서 사람들의 움직임이 풍경과 어우러져 있었다. 차가 멈춰 서자마자 앞 유리에 분홍빛 꽃잎 하나가 살며시 내려앉았다. 그저 살랑대는 꽃잎일 뿐인데 굳어 있던 마음이 풀리는 것 같았다. 흩날리는 벚꽃 하나에 잊고 지냈던 감정이 조용히 되살아났다. 누구에게나 그런 순간 하나쯤은 있지 않을까. 발걸음에 어느새 리듬이 붙었다. 그동안 내 안에 갇혀 있었던 것 같다. 깊이 파고들면 들수록 달라질 건 없다는 생각도 들었다. 에라 모르겠다. 달라지지 않아도, 그냥 걸어보자.

마음을 조금 내려놓으니 그제야 주변이 눈에 들어왔다. 킥보드를 탄 아이 둘이 휙 지나갔다. 누가 더 빠른지 장난치다 곁에 선 엄마 눈치를 살피는 듯했다. 벤치에는 등산복 차림의 사람들이 앉아 땀을 식히고 있었고, 누군가는 물병을 꺼내 옆 사람에게 건네며 이야기를 나누고 있다. 통화하며 걷는 여자, 이어폰을 끼고 팔을 크게 흔들며 걷는 중년 여성도 보였다. 부부로 보이는 사람들, 아이 손을 꼭 잡은 부모, 그리고 나처럼 혼자 온 사람들도 있었다. 모두 제각각 걸음을 걷고 있었다. 보문호 산책길은 생각보다 넓었다. 걷다 보니 유리창이 반짝이는 리조트 건물들이 하나둘 눈에 들어왔다. 멀리서는 경주월드 대관람차가 천천히 돌고 있었다. 어릴 적 소풍날 설렘과 철없던 연애 시절의 웃음 같은 것들이 나도 모르게 되살아났다.

처음 온 길이었지만 이상하게 낯설지 않았다. 사람들 사이에 자연스레 녹아들었고 어색함 대신 묘한 편안함이 스며들었다. 내 표정이나 행동에 누구도 관심을 두지 않는 이 공간이 그날의 나에게 꼭 필요한 쉼터였다. 마음속에 쌓였던 긴장이 천천히 풀려나갔다. 커다란 풍경 속 나는 그저 작고 흔한 한 점에 불과했다. 드라마 한 장면 속 엑스트라 같던 내가, 그 순간엔 오히려 편안했다.

호숫가 길이 이어졌다. 흙 내음이 먼저 스쳤다. 곧 나무 산책로가 발밑에 펼쳐졌다. 초록 잎들이 햇빛을 받아 반짝였다. 걸음을 멈췄다. 잠시 눈을 감았다. 흙냄새 섞인 공기가 코끝에 와닿았다. 굳어 있던 마음이 서서히 풀렸다. 징검다리가 놓인 물가에 이르렀을 땐, 어릴 적처럼 폴짝 뛰어보고 쪼그려 앉아 물을 만져보았다. 잊고 지냈던 감각들이 조금씩 되살아났다. 설명할 수 없는 안도감이 스며들었다. 걸음에 집중하다 보니 묵직하던 감정이 한결 가벼워졌다. 한 발 한 발 되풀이되는 발걸음 속에서 나도 모르게 중얼거렸다.

'살아야지, 살아내야지.'

그 말이 입 밖으로 새어 나왔다.

보문호를 한 바퀴 도는 데 한 시간 반쯤 걸렸지만, 그날 나는 두세 바퀴쯤은 훌쩍 걸은 것 같다. 시간도 거리도 계산하지 않고 그저 발이 닿는 대로 걸었다. 바람을 느끼고, 햇살을 쐬며 주변을 바라보는 동안 마음이 조금씩 정돈되었다. 상황이 달라질 건 없지만 그래도 괜찮아지고 싶었다. 더는 무너지지 말자, 다시 살아보자는 마음이 천천히 차올랐다. 오랜만에 걷는 일에만 온전히 몰두할 수 있었다. 어쩌면 내가 진짜 원했던 건 이런 고요였는지도 모르겠다. 위로의 말보다 먼저 와닿은 건 나를 둘러싼 감각들이었다. 바람과 햇살, 그리고 걷는 발끝에서 전해지는 미세한 감촉들. 그 미세한 감각들이 내 안에 여전히 살아 있음을, 아직 여기 있다는 것을 가만히 알려주었다.

걷는다고 모든 게 나아지는 건 아니지만 벼랑 끝에서 한 발짝쯤 물러설 수 있었다. 여전히 남아 있는 일들로부터도 잠시나마 거리를 둘 수 있었다. 그저 걸었을 뿐인데 살아 있다는 감각이 다시금 내 안에 스며들었다. 그날의 보문호는 아무 말도 없지만 조용히 곁을 내어주는 존재 같았다. 함께 있어 주는 것만으로 충분한 위안이 되어주었다.

상황을 바꿀 수 없을 때, 우리는 스스로를 변화시켜야 한다는 도전을 받는다.

········· 빅터 프랭클, 「죽음의 수용소에서」

2장

걸음과 걸음 사이, 관계의 온도

오늘도 혼자 있고 싶어 하는 아이 옆에 슬며시 가서 농담을 건네며 말을 붙인다. 내 곁에서 밥을 먹고 이야기하고 산책하는 소소한 일상들을 함께 할 수 있음에 감사하며.

무언가를 오래 들여다본다는 것은 곧 받아들인다는 일이다. 이해할 수 없는 삶의 순간을 '그럴 수도 있지'라며 흘려보내는 유연함. 오래 바라보는 시간 속에서 우리는 마음을 들여다보며 감정을 알아간다.

손을 잡고 나란히 걷는 시간, 함께 바라보는 순간들이 쌓이며 우리는 서로를 가장 잘 아는 사이가 되어간다. 떨어져 지낸 시간이 있어도 우리를 잇는 마음은 여전히 깊고 선명하다.

1
날 지키는 데 필요한 건 거리

권윤영

15개월 모유 수유가 끝나고 마셨던 때처럼 시원한 맥주 한잔을 단번에 마셨다. 맥주 한 캔을 물 마시듯이 마시다니, 난 아직 살아 있었다. 조용했던 그 비행기 안에서 너무나 크게 내뱉은 캬~ 소리는 광고에서만 들을 수 있는 소리가 아니었다.

"나 정말 혼자만의 시간을 갖고 싶어. 이러다 숨 막혀 죽을 것 같아. 나도 내 시간이 필요하다고. 나 좀 살게 도와줘." 큰아이가 일곱 살, 둘째 아이가 네 살이던 해, 나는 육아라는 긴 터널 속에서 겨우 숨만 쉬며 살아가고 있었다. 아이만 낳으면 엄마가 되는 거라 믿었던 나에게, 육아는 멋모르고 맞닥뜨린 내 인생 최고의 고난도 숙제였다. 남편은 이직 후, 출근 시간만 정해진 직장에 다녔다. 퇴근 시간은 불규칙했고 주말도 없이 일했다. 남편은 집에서는 잠만 자는 하숙생처럼 지냈다. 며칠 만에 보는 아빠를 나와 우리 아이들은 기다리고 또 기다렸다. 육아는 함께하는 거 아닌가? 왜 나만 이 아이들을 키우고 있는 걸까? 나의 삶이 원망스러웠고, 두 아이를 온전히 사랑하지 못하는 나 자신이 미웠다. 쌓여가는 스트레스에 큰아이를 감정 쓰레기통으로 사용하였고, 당시에는 그게 잘못인지도 모르고 살았다. 그저 혼자 있고 싶었다. 누구도 없는 곳에서, 아무것도 하지 않고, 아무것도 챙기지 않아도 되는 그런 시간을 보내고 싶었다. 그런 시간만 있다면 다시 숨 쉴 수 있을 것 같았다. 다른 엄마들은 아이를 재우고 밤마실도 나가고, 주말이면 남편이 아이를 봐주고 친구들과 약속도 잘만 잡던데…. 내겐 그 모든 게 사치였다.

   며칠간의 싸움과 설득 끝에, 겨우 얻어낸 2박 3일의 자유. 짧은 시간 동안 나는 단 하나, 걷고 싶다는 생각뿐이었다. 아무도 나를 모르는 곳에서 빈손으로, 누구도 챙기지 않아도 되는 곳에서 마냥 걷고 싶었다. 평소엔 여행을 가면 아이들 짐이 내 짐보다 많았고, 식당도 내 입맛이 아닌 아이들이 먹고 싶은 메뉴로 골라야 했다. 그리고 당연히 여행지도 내가 가고 싶은 곳보다 아이들이 좋아할 만한 곳이어야 했다. 금요일 아침, 아이들을 어린이집에 보내자마자 곧장 공항으로 향했다. 그렇게 마카오행 비행기에 몸을 실었다. 나에게 주어진 건 단 2박 3일. 정확히는 48시간도 채 안 되는 시간이었다. 내가 가져온 것은 백팩 하나였다. 그 안엔 속옷 두 장, 갈아입을 티셔츠 한 장, 충전기, 여권, 환전한 돈이 들어있었다. 그게 전부였다. 가진 것이라곤 작은 백팩 하나뿐인 나는 세상에서 가장 가벼운 여자가 되어 비행기를 탔다. 마카오는 짧은 비행시간, 안전한 환경, 그리고 어린이집 하원 전에 돌아올 수 있는 스케줄까지 모든 조건을 만족시키는 최선의 목적지였다.

   아는 사람 아무도 없는 그 공간에 있다는 사실 자체가 천국이었다. 비행기를 타는 것 자체를 좋아하는 나에게는 기내식이 나오는 비행기가 5성급 호텔 못지않은 사치를 즐기기에 부족함이 없는 곳이었다. 목적지에 도착한 이후 찾아야 할 유모차도, 수화물도 없었다. 심지어 짐이 많아 숙소에 맡기러 가지 않아도 되었다. 그냥 내 발길 닿는 대로 걸었다. 어디 갈지를 미리 찾아봤냐고? 비행기와 혼자 잠을 자도 위험하지 않은 가성비 좋은 숙소 예약이 전부였다. 내 손은 자유로웠고, 발은 구름 위를 걷는 듯 가벼웠다. 식당 갈 때 아기 의자가 있는지 물어보지 않아도 되었고, 어린이 메뉴가 있는지 묻지 않아도 되었다. 그 무엇보다 내가 배고프지 않아도 아이들 식사 시간에 맞춰 식사할 필요도 없었다. 오직 내가 한 일은 걷고, 걷고, 또 걸은 일이었다. 내가 이렇게 걷는 것을 좋아했던 사람인가? 아니면 무엇이 나를 이렇게 미친 듯이 걷게 만든 것이었을까?

   유모차가 없어서 좁은 골목도 자유롭게 걸을 수 있었다. 울퉁불퉁한 돌로 깔린 바닥을 걸으며 노랗고 분홍색으로 칠해진 건물 벽들 사이를 지나갔다. 코끝을 간질이는 달콤한 향기에 발걸음이 멈췄다. 아주 오래

된 간판 아래 오븐 속에 구워지는 에그타르트가 내 눈을 사로잡았다. 얼마인지 묻지도 않은 채 아이스 아메리카노 한 잔과 타르트 두 개를 결제했다. 그 누구와도 나누지 않고, 혼자 오로지 가게 앞에 서서 순식간에 먹어 치웠다. 먹어보라고 물어볼 필요도 없이 온전히 내 입으로 넣는 음식이 이렇게 고마웠던가? 마카오 골목에 서 있는 나는 엄마도, 아내도 아닌 온전히 나 자신이었다. 아이들은 아직 나의 손길이 있어야 하는 나이였지만, 그 순간만큼은 죄책감조차 들지 않았다. 아이들 생각도 나지 않았다. 의무적으로 자기 전에 영상통화를 하긴 했지만, 마음은 온전히 내 안에 머물러 있었다. 내가 정말 엄마가 맞나? 이렇게 행복해도 되는 걸까? 아이들 없이 이렇게 자유로워도 괜찮은 걸까? 돌아오는 비행기 안에서 내게 물었다. 엄마가 행복해야 아이도 행복하다는 흔하고 낡은 그 말, 늘 믿지 않았고 의심만 했던 말이 이제야 내 가슴에 와닿았다. 2박 3일 동안, 목적 없이 걸었던 그 시간은 어쩌면 행복이라는 말에 가장 가까웠는지도 모르겠다. 행복을 위해 필요한 건 항공권도, 호화로운 숙소도 아니었다. 단지 '나만의 시간'이었다. 걸으며 본 풍경은 흐릿해졌고, 무엇을 먹었는지도 기억나지 않는다. 하지만 단 한 가지는 분명하다. 그 시간이 있었기에 나는 다시 엄마로 돌아올 수 있었다는 것.

우리 사회는 엄마라는 이름에 너무 많은 것을 요구한다. 먹이고, 입히고, 재워야 하는 기본 세 가지 역할 이외에 성장 시기별로 검사해야 하는 발달 검사의 수치 속에서 아이들을 끊임없이 비교당하게 한다. 기저귀는 언제 떼야 한다, 영어, 한글, 수학은 몇 살 전에 시작해야 한다는 식의 조급함 속에서 우리는 끝없이 좋은 엄마의 기준을 맞춰가야 한다. 하지만 지금 나는 말하고 싶다. 조금 늦어도 괜찮다고, 다 못해도 괜찮다고, 가끔은 내려놓아도 된다고. 내가 하고 싶은 일, 내가 가고 싶은 곳, 내가 먹고 싶은 걸 선택해도 된다고. 그런 시간이 한 번쯤은 필요하다고.

  사랑하는 가족을 챙기는 시간도 행복했다. 하지만 가까이 있으니 가끔 숨이 막힐 때도 있었다. 혼자 마카오 거리를 걸으면서 몇 년 만의 자유를 느꼈다. 때로는 같이 있는 시간보다는 떨어져 나를 돌아보는 시간도 필요하다. 좋은 관계를 유지하기 위해선 거리가 필요한 것이었다. 파울로 코엘료의 "사랑은 거리 속에서 자란다."라는 말이 떠올랐다. 아이와 가족과의 적당한 거리는 서운함이나 외면이 아닌 더 나은 관계를 위한 숨 고르기라는 것이다. 숨을 고르기 위해 오늘 또 걷는다.

> 당신들의 함께함 속에 틈을 두세요. 하늘의 바람이 그 틈새에서 춤추게 하세요.
>
> ……… 칼릴 지브란, 「예언자」

2
길 위에서 만난 귀인

(김미연)

　올해로 독일 이민 20년 차. 작년 가을 친언니와 통화 중에 밑도 끝도 없이 언니가 말했다. "내년에는 독일 갈 거야. 스위스 가고 싶어." "스위스는 물가가 비싸니까 캠핑 여행 어때? 형부도 캠핑 좋아하잖아." 형부가 카라반을 사고 싶어 한다는 말을 들었었다. 나의 버킷 리스트에는 '독일에서 출발해 한국까지 캠핑차로 여행하기'가 적혀있다. 12년 전에는 각자의 딸들과 여덟 명이 봉고차를 빌려 유럽을 여행했다. 그 사이 아이들은 성인이 되었고, 이번엔 어른 넷이 캠핑 여행을 하기로 했다. 마음을 먹으니 일은 착착 진행되었고 드디어 그날이 다가왔다. 여행지 날씨를 매일 확인했다. 자칭 날씨 요괴라는 언니. 특히나 형부와 함께 가는 여행에는 유독 비가 많이 온다. 그에 비하면 여행 날씨는 적당히 따라 주는 나. "내가 날씨 요괴이기는 한데, 날씨 요정과 함께하면 내가 져. 그렇게 나쁜 요괴는 아닌가 봐." 내가 날씨 요정까지는 아니었는지 날씨는 아쉬움과 즐거움이 교차할 정도로 적당히 좋았다.

  5인승 캠핑차는 넓어서 좋았지만, 운전하기에는 컸다. 스위스 산은 아름답기 그지없지만, 산길을 큰 차로 가기에는 위험천만했다. 체르마트에서 인터라켄으로 가는 길이었다. 차에 장착된 내비게이션은 가까운 길로 설정이 되었는지 넓은 길이 아닌 산길로 보냈다. 내비게이션을 잘못 봐서 산길로 가기도 했고, 가라는 길로 갔는데 산길로 가기도 했다. 차를 돌릴 수 있는 공간도 없고 비켜줄 공간도 없는데 계속 산 위로 올라가기만 했다. 운전도 안 하면서 손에 땀이 났다.
  일방통행인 줄 알았는데 건너편에서 승용차가 오고 있었다. 가까스로 길을 내주어 지나가는데 반대쪽 운전자가 창문을 내리며 말했다.
  "이 산에는 캠핑 장소가 없는데 왜 캠핑차가 산 위로 올라가지? 지금 당신들 알고 가는 거야?"
  길을 물어보려고 하는데 말할 기회도 안 주고 쌩하니 가버렸다. 그 사람도 많이 놀란 모양이었다. 산 중턱까지 올라간 차는 내려오는 갈림길을 만나서 겨우 위기를 모면했다. 긴장감으로 몸에 잔뜩 힘을 주고 있었는지 온몸이 아팠다. 내려오자마자 다들 물을 벌컥벌컥 마셨고, 나는 아픈 허리에 파스를 붙였다.

  그러고 나서 다시 간 길인데 좁은 다리를 건너라고 내비게이션이 알려

줬다. 좁고 낡아 보이는 저 다리를 이 큰 차가 건널 수 있을까? 그때 뒤에서 오던 차가 경적을 울렸다. 그래도 건너던 다리는 건널 수밖에 없었다. 지하 도로가 보이는데 저곳이 사람만 갈 수 있는 길인지 차도 갈 수 있는 길인지 알 수가 없었다. 결국 내가 내려서 확인했다. 다행히 차가 통과할 수 있는 짧은 지하 도로가 있을 뿐이었다. 찻길이 맞으니 오라고 손짓했다. 그 순간, 조금 전에 경적을 울렸던 차에 있던 아주머니가 우리 차로 뛰어왔다. 다리를 건너오느라 숨이 차 보였다.

"너희들 차는 너무 높아서 그 도로를 통과할 수 없어. 거길 가면 차 천장이 날아가 버릴 거야."

그 말을 듣고 보니 캠핑차 높이가 3.4미터인데 지하 도로 위에는 3.0미터라고 빨간 동그라미 안에 선명히 적혀있다. 인지하지 못하고 그냥 지나갈 뻔했다. 그 순간 작년에 돌아가신 시아버지가 저 아주머니를 우리에게 보내셨나 하는 생각이 뇌리를 스쳤다. 뭔가 보이지 않는 도움의 손길이 우리를 감싸주고 있는 따뜻하고 신비로운 느낌이었다. 시아버지 장례식에 일면식이 없는 조문객이 왔었다. 아무도 모르는 조문객이 절을 하고 부조금을 내길래 조심스럽게 어떻게 왔는지를 물었다. 안동에 있는 한 중학교 교감으로 근무 중이라고 했다. 10여 년 전에 돌아가신 아버지가 병상에 계실 때 많은 도움을 받았다고 어머니가 꼭 찾아가 보라고 해서 왔다고 했다. 장례식에는 많은 사람이 왔고 더 많은 돈을 부조한 사람도 있었지만, 장례식을 가장 빛내 주었던 사람은 단연 그 사람이었다. 시아버지 86년 인생을 일면식도 없던 그 조문객이 한마디로 표현해 주고 있다는 생각이 들었다. 소리 없이 이어지는 따뜻한 배려는 이렇듯 지금도 조용히 세상 틈새를 밝혀주고 있을 것이다.

　우리가 차를 겨우 돌려 나오는데 아주머니는 뒤에 오는 차를 통제해 주고 있었다. 아주머니가 알려준 우회도로는 사람들이 걸어 다니는 비포장 산책로였다. 마침, 일요일 아침이라 사람도 많았다. 우리는 먼지를 일으키지 않으려고 천천히 산책로를 지나 겨우 큰길로 나왔다. 지역 주민의 섬세한 눈썰미와 적극적인 도움 덕분에 중반을 넘어가고 있던 여행은 계속 이어질 수 있었다. 캠핑차 운전석 위로는 두 명이 잘 수 있는 침실이 있다. 아주머니의 도움이 아니었다면 찰나의 순간에 침실을 잃고 낯선 스위스 땅에서 우왕좌왕 사고 수습을 하느라 여행을 망쳤을 게 뻔하다.

　우여곡절 끝에 도착한 인터라켄 캠핑장은 툰 호수가 멀지 않은 곳에 산으로 둘러싸여 있다. 조금 전에 다녀온 하더쿨름이 저 멀리 산꼭대기에 보인다. 하더쿨름은 융프라우산이 제일 잘 보이는 곳으로 툰 호수와 브리엔츠 호수를 한눈에 볼 수 있는 전망대이다. 호수는 옥빛 구슬이 녹아 내린 것처럼 신비로운 연한 초록빛을 품고 있다. 저 위에서 보았던 곳에 지금은 내가 풍경이 되어 있다. 패러글라이딩하는 이들이 구름 한 점 없는 하늘을 알록달록 수놓고 있다. 방목되고 있는 소들은 쉼 없이 워낭 소리를 울린다. 저 소들도 퇴근한다고 언니는 말했지만, 늦은 저녁까지 워낭 소리는 끊이지 않는다. 그 소리가 정겹다. 스위스 기념품 가게에서 나 보았던 워낭 소리를 자연 한가운데에서 듣고 있다. 설산을 마주하고 앉아 삼겹살에 소주잔을 기울이고 있는데 둥근 달이 설산 위로 떠오른다. 헉, 숨이 멈춰진다. 자연의 경이로움을 마주한 순간이다. 이 순간을 위해 여기에 와 있다는 생각이 든다.

  이젠 과거가 된 오늘의 여정. 언니는 우리를 도와준 아주머니에게 차에 있는 김이라도 하나 드릴 걸 그랬다며 후회했다. 남편은 여행길에 만나는 고마운 이들을 위해서 한국 기념품을 준비해 다니자고 제안했다. 생각해 보니 길거리에 주차하면서 스위스 프랑이 없어 주차를 못 할 뻔했다. 피자 가게에서 10유로를 잔돈 프랑으로 흔쾌히 바꿔줘서 주차도 할 수 있었다. 머리로는 생각하면서도 자주 잊고 사는 일. 누군가의 도움 없이 과연 혼자 세상을 살아낼 수 있느냐는 질문에 다시 한번 고개가 숙어진다. 네 명이 둘러앉아 도움을 준 이름 모를 아주머니에 대해 이야기했다. 고마웠다. 누군가에게 먼저 도움의 손길을 내밀며 살아가자고 서로 다짐했다.

  언니와 툰 호수로 아침 산책에 나섰다. 새벽녘에 내렸던 비는 맑은 공기를 더 깨끗하게 씻겨 주었다. 호수를 둘러싸고 있는 산 중턱에는 아직 올라가지 못한 구름이 군데군데 걸려 있다. 밤에 잠시 조용했던 소들은 다시 풀을 뜯으며 워낭 소리로 자신의 존재감을 드러낸다. 물을 잔뜩 머금은 무릎 높이 야생화는 우리 양옆을 호위해 주는 듯하다. 스위스 이슬을 밟으며 언니와 나란히 걷는다. 외국에서 살다 보면 도움이 꼭 필요할 때가 있다. 그 순간마다 나의 히어로가 되어주는 언니와 함께 이 길을 걸을 수 있어 참 행복하다. 지금 느끼는 이 행복은 내가 잘 살았기에 누릴 수 있는 것이 아니다. 누군가의 보이지 않는 손길이 내 주변을 감싸주고 있다는 생각이 드는 순간이 있다. 이번 여행에서 그런 느낌을 여러 번 받았다. 과연 나는 모르는 누군가에게 결정적인 도움을 준 일이 있었나. 언니와 함께한 그 산책길을 생각하면 생면부지의 스위스 아주머니와 보이지 않는 따뜻한 손길이 떠오른다.

모든 게 선물이었다는 거죠. 마이라이프는 기프트였어요. 내 집도 내 자녀도 내 책도, 내 지성도…. 분명히 내 것인 줄 알았는데 다 기프트였어. 내가 벌어서 내 돈으로 산 것이 아니었어요. 우주에서 선물로 받은 이 생명처럼, 내가 내 힘으로 이뤘다고 생각한 게 다 선물이더라고.

·········· 김지수, 『이어령의 마지막 수업』

3
풀벌레와 시간을 잃어가는 여름밤

(김인혜)

　일요일 오후, 남편으로부터 전화가 왔다. "나랑 데이트하자. 커피도 마시고 산책도 하면서." 서로 삐져서 이틀 동안 말도 안 하고 있던 참이었다. 데이트하자는 말에 못 이기는 척, 그러자고 했다. 먼저 화해의 손길을 내밀었으니 받아줘야지 하는 마음으로. 집 근처의 야외 카페는 날이 좋아선지 사람들로 북적였다. 푸릇푸릇한 잔디밭에 새로 심긴 어린 나무들이 바람에 잎사귀를 살랑이며 반짝이고 있었다. 그런 풍경을 바라보며 티라미수 한 조각과 아이스 아메리카노를 사이에 두고 앉아 있자니 화는 어느새 스르륵 풀려가고 있었다. 서로 서운했던 점들도 차분하게 이야기 나누었다. 이렇게 쉽게 풀릴 걸 이틀이나 신경전은 왜 벌였나 싶었다. 마음이 홀가분해지고 나니 예쁘게 조경된 카페를 바라보기만 하는 것보다 직접 자연 속에서 걷고 싶어졌다.

"우리 홍유릉으로 가볼까?"

집 근처 차로 십 분 거리에 조선의 마지막 왕들인 고종, 순종의 능인 홍릉과 유릉이 있다. 남양주에 산 지 십 년이 넘었지만, 홍유릉에 가는 건 이번이 겨우 두 번째였다. 칠팔 년 전 친구들과 벚꽃 구경하러 갔던 이후로는 이상하게도 발길이 닿지 않았다. 도착하자마자 눈에 띈 건 '홍유릉 둘레길'이란 푯말이었다. 푯말을 따라 평탄한 산길로 접어드니 산책하는 사람들이 꽤 있었다. 아주 오래전 조성된 곳이라 그런지 나무들이 한눈에 보기에도 울창하고 늠름했다. 흙길 양 옆에 늘어선 키 큰 나무들은 한여름이 되면 시원한 그늘을 드리워 줄 듯 든든해 보였다.

"우리 이렇게 좋은 산책길을 왜 한 번도 같이 안 와봤던 걸까?"

길 건너편은 여느 도심처럼 차들로 북적이고 건물들도 밋밋한데, 조금 안으로 들어서자 전혀 다른 세계가 펼쳐졌다. 평평한 흙길이어서 맨발로 걷기 좋은지 신발을 벗은 채 걷는 사람들이 눈에 띄었다. 강아지와 함께 산책하는 이들, 자전거를 타고 유유히 스쳐 가는 사람들도 있었다. 공원에서 흔히 볼 수 있는 풍경인데, 여기는 무언가 달랐다. 시간이 조금 더 느리게 흐르는 느낌, 아니 잠시 시간이 멈춘 듯한 느낌마저 들었다. 그래서일까 사람들도 느릿느릿 조용하고 평화로웠다. 그런 분위기에 우리도 저절로 스며들었다. 말은 거의 하지 않은 채 손만 잡고 천천히 걸었다. 십오 년을 함께 살아오며 숱하게 싸우고 화해했지만, 오늘처럼 산책하며 마음을 푸는 게 제일 좋은 방법이라는 생각이 들었다. 그리고 싸우든 아니든 남편과 산책하는 시간을 자주 가져볼까 하는 생각도.

그리고 다음 주 일요일 오후, 우리는 다시 홍유릉을 찾았다. 남편은 주중에 하루도 쉴 틈 없이 바쁘고, 일요일 오후쯤에야 겨우 숨 돌릴 여유가 생긴다. 나는 혼자서도 여기저기 잘 돌아다니고 틈틈이 산책도 해왔지만, 지난주 그 시간 이후 생각이 조금 달라졌다. 바쁠수록 이런 시간이 서로를 위해 필요하다는 걸 새삼 깨달은 것이다. 이른 저녁을 먹고 소화도 시키고 바람도 쐴 겸 둘레길로 들어섰다. 늦은 시간이라 이번에도 홍유릉 입장은 마감되었지만, 돌담 너머로 그 정취는 고스란히 전해졌다. 고종과 명성황후의 능인 홍릉은 고종의 사후 1919년 3월 4일 이곳 남양주 금곡동에 조성되었다. 그해는 3·1운동이 일어났던 해이기도 하다. 따지고 보면 겨우 백 년 남짓한 과거이지만 왠지 아주 먼 옛날처럼 느껴지는 시간. 하지만 그 백 년 사이에 이 공간은 너무도 쉽게 잊혔다. 백 년은 잊히기에 짧은 시간일까, 긴 시간일까. 홍유릉은 이곳에 사는 사람들에게 그저 걷기 좋은 산책길 정도로 남아도 괜찮은 걸까. 지난번, 시간이 멈춘 듯한 기분이 들었던 것은 그 잊힌 시간 때문이었는지도 모른다. 때마침 서쪽 하늘에서 지고 있던 태양이 홍유릉을 둘러싼 적송들을 붉게 물들였다. 모든 것이 주황빛 불길에 휩싸인 듯한 풍경 사이로, 붉고 커다란 소나무들이 오랫동안 품어온 이야기를 백 년의 시간을 건너 내게 전하려는 듯 보였다.

한 바퀴 천천히 둘레길을 걷는 동안 '걷기'와 '시간'에 대한 이런저런 생각에 잠겼다. "걷기는 가장 우아하게 시간을 잃는 방법이다."『걷기 예찬』을 쓴 프랑스 사회학자 다비드 르 브르통의 말이 떠올랐다. 효율성, 생산성이란 잣대로 거의 모든 걸 줄 세우는 세상 속에서 걷기는 언뜻 쓸데없고, 무용해 보인다. 하지만 누군가는 걷기의 쓸모없음을 사랑할 수도 있다. 어쩌면 문학처럼, 무용하기 때문에 더욱 아름답기도 하다. 온종일 마음껏 문학책을 읽고 산책할 수 있는 삶을 사실 나는 바라 마지않는다. 그런 삶이 시간을 허비하고 잃는 것 같아도 실은 가장 충만하게 살아가는 방식인지도 모른다. 시간이 멈춘 듯한 홍유릉을 거닐며 이렇게 우아하게 잃어가는 시간을 점점 더 늘려보고 싶다는 생각이 들었다. 삶의 동반자와 함께라면 거기에 낭만까지 더해질지도.

어제 늦은 저녁 남편이 퇴근길에 전화를 걸어왔다. "밤 산책하자. 주차하면 바로 내려와." 나는 재빨리 맨투맨과 레깅스로 갈아입고 운동화를 신었다. 1층에서 기다리고 있던 남편은 아침 출근 그대로의 양복 차림에 구두를 신고 있었다. 밖에 나오니 5월 말의 밤공기가 딱 기분 좋게 시원하고 상쾌했다. 우리는 어슬렁어슬렁 동네 한 바퀴를 걷기 시작했다. 문득 우리의 조합이 이상하게 보이지 않을까 걱정이 되었다. 나는 너무 편한 복장이고 상대방은 산책 복장으론 좀 그랬으니까. '에이, 밤이라 깜깜

해서 잘 보이지도 않을 텐데 남의 시선을 뭐 하러 신경 써. 지금 우리가 함께 걷고 있다는 게 중요하지, 하하.'

　이 동네로 이사 온 지도 벌써 일 년이 다 되었지만, 아직 가보지 않은 길들이 꽤 있었다. 대개는 목적지가 있고 그곳을 향해 곧장 가느라 다니던 길들로만 오갔기 때문이다. 이번에는 목적 없는 산책이기에 정해둔 방향 없이 마음 가는 대로 발걸음을 옮겼다. 그러다 평소에 저 길은 어디로 연결되는지 궁금했던 골목길이 나타났다. "저 길로 가보자." 작은 탐험을 떠나는 기분이었다. 가보고 싶었지만 매번 그냥 지나쳤던 길. 골목길 끝에 다다르자 우리가 아는 길이 나왔다. 흔한 표현이긴 하지만 모든 길은 다 연결되어 있었던 거다. 자유로웠던 덕택으로 머릿속 동네 지도가 오늘의 산책만큼 더 그려졌다.

　집에 거의 도착했을 즈음 딸아이에게 전화가 왔다. "엄마, 도대체 어디 갔어?" 기말고사를 앞두고 시험공부 중인 아이를 방해하지 않으려 조심스럽게 나간 건데, 그사이 나를 찾았던 모양이다. 퇴근길의 아빠와 밤 산책을 다녀왔다고 하자 어떻게 자기만 빼놓고 갈 수 있냐고 투덜댔다. 다음 산책 땐 자기도 같이 가자는 말에 꼭 끼워주겠다고 했다. 그러고 보니 지난 주말 날씨가 너무 좋아 친구랑 한 시간 넘게 걷고 있다며 신이 나서 전화했던 딸이었다. 우리끼리만 이 좋은 밤 산책을 했나 싶어 미안하기도 하고, 중2인 딸이 엄마 아빠와 함께 걷고 싶어 한다는 사실에 은근히 흐뭇하기도 했다.

    풀벌레 소리가 들리고 시원한 바람이 부는 초여름 밤이 내일도 모레도 이어질 거다. 그러므로 셋이 같이 걸어야겠다. 손을 잡고 걷는 동안 우리의 시간이 나란히 흐를 수 있도록. 시간을 잃어가듯, 시간이 잊히지 않도록.

    걷기는 가장 우아하게 시간을 잃는 방법이다.

………… 다비드 르 브르통, 『느리게 걷는 즐거움』

4
사춘기에 대처하는 마음

(김태영)

작은 아이의 초등학교 재량 휴업일이다. 중학생 딸아이는 아침 일찍 등교하고 아들과 둘만 보내는 휴일. 뭘 하면 좋을까, 어디를 갈까? 오늘 아침까지도 고민했다. 그러나 아들은 엄마 마음을 아는지 모르는지 쉬는 날이라 밀린 잠을 자고 싶었나 보다. 늦잠을 자고 나니 오후에는 학원 일정이 있어서 멀리 외출하기에는 시간이 애매했다. 결국 오랜만에 집 앞에 있는 산으로 산책하러 나가기로 했다. 예전 같으면 제일 먼저 준비하고 현관에 서서 빨리 나가자고 재촉했을 아들이 말은 좋다고 해놓고 느릿느릿 준비한다. 나가기가 귀찮은 모양새다. 집에서 나와 건널목만 건너면 바로 서울숲 둘레길로 들어가는 진입로가 나온다. 아이가 어릴 적부터 주말이면 손을 잡고 산책하곤 했던 우리 가족의 추억이 녹아 있는 고마운 산이다. 나무가 울창해서 일단 들어서면 마치 어디 깊은 산 중에 들어온 것 같지만, 사실 야트막한 언덕에 불과한 높이라 어르신들도 운동 삼아 만만하게 오르내릴 수 있다.

　눈부신 햇살이 내리쬐는 5월. 화려하게 피었던 꽃들은 이미 다 지고 수목이 푸르름을 더해 가고 있었다. 꽃이 피었을 때 왔더라면 좋았을 걸 아쉬운 마음이 들었다. 익숙한 길을 따라 아들과 도란도란 얘기를 나누며 걷고 있는데, "어머나! 엄마 따라서 온 거야?" "아이고 착하네. 산에도 오고." 뒤에서 어르신 세 분이 지나가며 아들을 보고 한마디씩 하셨다. 뭐라 응답해야 할지 몰라 나도 모르게 불쑥 속마음을 내비쳤다. "이제 저를 떠날 날이 얼마 안 남은 거 같아 데리고 나왔어요." "아이고 맞아. 우리는 이미 다 떠났어. 그래서 이렇게 우리끼리 오잖아." 하며 웃으셨다. 아들은 칭찬받아 기분이 좋았는지 아니면 쑥스러웠는지 꾸벅 인사를 하더니 껑충껑충 앞서서 뛰어갔다. 올해 5학년이 되면서 아들은 부쩍 말수도 적어지고 웃음이 적어졌다. 어릴 때는 나한테 천사가 찾아온 게 아닐까? 싶을 만큼 웃음이 많고 해맑던 아이였기에 사춘기가 다가오고 있다는 것을 더 확실히 느끼고 있다. 아침이면 졸리고 피곤한지 전에 없이 투정을 부리거나 식탁 앞에 인상을 쓰며 앉아 있는 날이 늘어갔다. 그래도 아직은 기분 좋을 때면 엄마를 우주 끝까지 사랑한다고 대놓고 얘기해주는 녀석이다. 엄마를 사랑하면 아침에 기분 좋게 등교하면 좋겠다고 했더니 자기도 모르게 마음속에서 자꾸만 화가 치밀어 올라온단다. 아이 셋을 키우는 지인은 막내아들이 그렇게 말했을 때 "축하해. 너 지금 너무 잘 자라고 있어."하고 칭찬을 해줬다고 했다. 큰아이 사춘기를 5년째 겪어오는 동안 나도 어지간히 내공이 쌓였다고 자부했는데 아들에게 그렇게 말해주지는 못했다. 아들의 성장은 대견하지만, 사춘기가 다가온다는 사실이 그리 달갑지는 않아서다. 사춘기라는 말은 엄마에겐 나름의 각오가 필요한 일이기 때문이다.'

 큰딸은 또래보다 일찍 사춘기가 찾아왔다. 갑자기 찾아온 아이의 변화에 적잖이 당황했었다. 아이의 뇌는 지금 대공사 중임을, 사춘기는 온전한 한 사람으로 독립하기 위한 자연스러운 성장 과정임을 머리로는 이해했지만, 마음으로는 받아들이기가 힘들었다. 아이의 마음을 보듬어주기보다는 아이의 잘못된 태도가 먼저 보였고 화가 났다. 감정 기복이 심해진 아이가 내뱉는 뾰족한 말에 찔리고 상처받았다. 때로는 다독이고 때로는 아이와 싸우면서 혼자 참 많이도 울었었다. 어떻게 아이와의 관계를 다치지 않게 하면서도 잘못된 행동을 바로잡아줄 수 있을까 고민했다. 지금도 아이와의 힘겨루기는 여전히 현재진행형이지만 이제는 아이가 원하는 만큼 달라지지 않더라도 미세한 변화라도 알아차리고 인정해 주려고 노력한다. 틈틈이 부모로서 나의 사랑과 지지를 표현해 주려고 한다. 그 치열한 시간을 지나오며 '부모는 아이와 함께 성장한다.'라는 말의 의미를 비로소 이해하게 되었다. 이제 내가 할 수 있는 일은 한 발 뒤에서 따라 걸으며 따뜻한 눈으로 아이를 보고 응원하고, 그저 사랑하는 일일 뿐임을 안다.

앞서 뛰어 내려간 아들을 따라 걸으니 시원하게 하늘로 뻗은 메타세쿼이아 나무가 늘어서 있다. 아들이 네 살 때였나 처음 이곳에 왔을 때는 마치 숲 한가운데에 숨어 있는 나만의 비밀장소를 발견한 것 같은 그런 느낌이었는데. 아이를 불러세우고 메타세쿼이아 숲을 배경으로 찰칵 아들의 스냅사진을 찍었다. 함께하는 지금, 이 순간이 언젠가 분명 그리워질 테니.

그날 저녁 퇴근한 남편이 내일부터 3일 연휴이니 가족여행을 가자고 말을 꺼냈다. "나는 기분 전환이 필요해." 이전과는 달리 사뭇 강한 어조다. 남편은 진작부터 5월 연휴에 여행을 가자고 얘기해 왔지만, 어린이날이 끼어 있는 황금연휴는 차도 밀리고 복잡해서 나는 영 내키지 않았다. 어제 중간고사가 끝난 딸이 주말에 친구와 선약이 있을 것도 같았다. 하긴 남편도 그럴 만한 것이 주말에 가족여행을 다녀온 지가 까마득하긴 했다. 2학년을 마칠 때쯤 큰아이가 갑자기 예고에 진학하고 싶다고 폭탄선언을 했고, 주말마다 학원에서 입시 준비를 하고 있기 때문이다. 예고에 대해서는 나도 남편도 전혀 생각해 본 적이 없었기 때문에 처음에는 어안이 벙벙했다. 하지만 이내 아이를 응원해 주기로 마음먹었다. 되든 안 되든 하고 싶은 일이 생겼다는 것이 얼마나 기쁘고 대견한 일인가. 남편에게 보란 듯이 딸아이 방문을 두드리고 들어갔다. 큰아이가 친구와 약속이 있어서 안 간다고 하면 남편도 포기하겠지 싶었다. 그런데 뜻밖에도 딸아이는 "가면 좋지!" 했다. 바다가 보고 싶다고도 했다. 그때부터 남편과 핸드폰을 붙들고 바닷가 숙소를 찾기 시작했다. 역시 동해안은 이미 마땅한 숙소가 전혀 없었다. 그나마 남아 있는 몇 곳은 가격이 턱없이 비싸서 서해안으로 가기로 마음을 바꿨다. 다행히 밤 10시 무렵에 당진 근처에 방 하나를 찾아 예약에 성공하고 12시까지 짐을 싸서 그다음 날 여행을 떠났다.

언젠가 혼자 공원에 나왔다가 나란히 산책을 나온 한 가족을 보았다. 언뜻 보기에 부모님과 성인이 된 딸과 아들 같았다. 엄마와 딸은 팔짱을 끼고 다정하게 걷고 있었고, 대화를 나누는 네 사람 모두 얼굴에 편안한 미소가 가득했다. 평범하지만 친밀해 보이는 이들이 내가 생각하는 가장 이상적인 가족의 모습이었다. 나도 우리 딸이 성인이 되었을 때 저렇게 다정할 수 있을까. 성인이 된 뒤에 시간을 돌이켜 부모를 떠올릴 때 가장 기억에 남는 모습은 어떤 모습인가. 돌아가신 아버지를 추억할 때 내 머릿속에 가장 먼저 떠오르는 것은 아버지가 환하게 웃는 모습이다. 아버지는 과묵하고 평소에 표현이 별로 없는 분이었지만, 한 번도 자식에게 이래라저래라 하지 않으셨다. 화내거나 잔소리하지 않고 가만히 지켜보다가 언뜻언뜻 보여주시던 흐뭇한 미소에서 나에 대한 무한한 신뢰를 느꼈다. 수많은 기억의 파편 중에서도 사랑을 느낄 수 있었던 그런 순간들만이 마음속에 오래도록 남아서 그리움을 더한다.

  소아정신과 서천석 교수는 믿을 것이 없어도 아이를 일단 믿는 사람이 부모라고 말했다. 아이가 어른이 되기를 기다려주지 않는 한 아이는 몸은 커도 내면은 어린아이에 머물게 된다. 십 대가 된 아이에게 여전히 어린아이 대하듯 이렇게 해야지 저렇게 해야지 가르치고 싶은 마음이 하루에도 몇 번씩 올라오지만, 꾹 참는다. 오래도록 바라보고 충고는 짧게 하려고 노력한다. 대신 아이와 함께하는 작은 행복의 순간을 놓치지 말아야지. 오늘도 혼자 있고 싶어 하는 아이 옆에 슬며시 가서 농담을 건네며 말을 붙인다. 내 곁에서 밥을 먹고 이야기하고 산책하는 소소한 일상들을 함께 할 수 있음에 감사하며.

청소년들은 부모가 필요 없다는 듯 행동하지만,
부모가 자기를 사랑하고 있는지 무척 관심이 많습니다.
자기를 포기하고, 더 이상 사랑하지 않을까 두려워하죠.
그래서 부모는 누구보다 아이를 사랑하고 있음을 보여줘야 합니다.

·········· 서천석, 『아이와 함께 자라는 부모』

5
내 옆의 단 한 사람

(나윤영)

　지하철만 3번 갈아타고 1시간 반 정도를 가야 회사에 도착했다. 겨울의 어느 날, 우리는 현관에서 인사했다. "출근 잘하고 이따 봐요." 하고 분명 인사를 했는데 남편은 내가 입을 외투 하나를 더 들고 몰래 뒤따라 나왔다. 남편이 뒤에서 내 어깨를 툭 하고 쳤다. "안 나와도 돼. 금방 가." 라고 말했지만 내심 좋았다. 손을 잡고 지하철역 개찰구까지 함께 걸었다. 점퍼 하나 더 입고 가라고 한사코 이야기해서 그러겠다 하고 손에 든 외투를 받았다. 그리고 그날부터인가 날이 풀릴 때까지 하루도 빠지지 않았다. 둘이 지하철역까지 걷는 길은 10분 남짓 짧은 거리지만 걸어가면서 우리는 쉴 새 없이 이야기했다. "여기 또 새 간판이네." 바뀐 가게 이야기도 하고, 아이들 이야기도 하면서 많은 이야기를 했다. 교통카드를 찍고 들어가는 순간에는 마치 데이트 마치고 헤어지는 연인이 된 듯 잘 가. '얼른 가~'를 연발하며 내가 계단으로 내려가고 있는 것도 계속 서서 지켜봐 주었다. 아침의 첫 시작. 부부가 함께 손잡고 걸은 10분쯤 그 짧은 시간은 참 소중하다. 출근하는 사람들로 미어터지는 지하철 안에서 나는 견딜 수 있었다. 힘이 났다. 몰아치는 일들 속에서 아침에 내 편이 손잡고 함께 바래다주어 불어넣어 준 기운은 하루 종일 남았다.

사실 남편은 힘이 되는 사람이 아니라 힘든 사람이었다. 나를 가장 알아주지 못했던 사람이 바로 남편인 것만 같았다. 남편이라는 단어가 '남의 편'의 약자인 게 아닐까 생각했었다. 무슨 이야기를 해도 통하지 않는 것같이 느꼈다. 벽에 대고 말하는 게 이런 기분일까. 부부끼리 말이 통하지 않는 고통은 남들이 모르는 아픔이었다. 10년 동안 그렇게 싸우다가 지쳐 우리는 헤어지기로 결심했었다. 도저히 감당할 수 없다고 생각하면서 마음을 서서히 닫고 있었다. 재정적인 문제와 상처도 많았지만 가장 큰 고통은 내 마음을 조금도 알아주지 않는다는 거였다.

마음을 터놓을 가까운 이가 없어 SNS로 향하는 이들이 얼마나 많은가. 자신이 겪은 힘든 일에 관해 글을 쓰거나 영상으로 제작하여 댓글로 공감해 주기를 바라는 사람들이 많다. 자신에게는 일어나지 않았을지라도 충분히 공감할 수 있기에 얼굴도 이름도 모르는 낯선 많은 사람은 위로해 준다. 위로가 필요한 누군가에게 감사한 존재들이다. 사람들은 가까운 사람보다 모르는 타인에게 털어놓고 공감받는 것을 더 쉽게 생각하는 듯하다. 가까운 이에게 털어놓으면 괜스레 마음이 불편해지니까. 내가 믿을 수 있을까? 나를 오해하거나 판단하지는 않을까? 생각하면서 나를 모르는 이들과 이야기한다. 그럼에도 가장 가까운 이에게 공감받고 싶은 마음이 드는 건 나와 같을 것이다.

누구보다 남편이 나의 마음에 공감해 주길 바랐다. 그러나 남편은 자기 입장으로 나를 바라보았다. 나의 관점에서 하는 말이 늘 마음으로 이해가 되지 않았을 것이다. "에어컨이 필요해. 아이가 너무 더워해. 중고로라도 살게." 그 말을 몇 년 했지만, 돈을 아껴야 한다고 들어주지 않았다. 답답했다. 집 밖으로 무작정 나와서 길을 걸었다. 정처 없이 길을 걸었고, 수많은 생각들이 오갔지만, 해결할 수 있는 답이 없었다. 답답한 마음을 털어놓을 곳이 필요했다. 벤치에 앉아 맘카페에 글을 적고는 조금 기다렸다. '내가 오늘 이런 일이 있었어요….' 힘들겠다는 엄마들의 댓글 수십 개가 휘리릭 올라왔다. 잠시나마 위안 받고는 길을 걷다가 다시 집에 들어갔다.

우리는 출구가 없어 보였다. 그러던 어느 날 딸아이가 다니던 작은 어린이 도서관의 관장님께서 우리에게 말을 거셨다. "아이가 너무 어린데 『부부싸움의 은혜』 책을 빌려 갔어요. 혹시 부부 상담받아 보실 생각이 있으신가요?" 평소에 힘든 내색도 잘 안 하는 딸이 혼자 끙끙 앓다가 엄마, 아빠에게 혹시 도움이 될까 싶어 빌려온 모양이었다. 미안했다. 알고 보니 그분은 목사님이셨고 이미 이혼 도장을 찍었던 우리는 마지막으로 부부 상담을 받아보겠다고 했다. 그렇게 일주일에 한 번씩 상담을 다닌 지 1년 3개월이라는 시간이 흘렀다. 부부 상담이지만 주로 원가정에서 겪었던 상처를 털어놓는 시간이었다. 울기도 많이 울었다. 이제까지 나의 이야기를 판단하지 않고 오롯이 들어준 사람도 다 꺼내본 일도 없었기에. 참 귀하고 감사한 시간이었다. 나는 조금씩 치유되어 갔다. 그리고 남편은 말을 잘 들어주었다. 살다 보면 가끔 답답할 때도 있지만 다수에게 털어놓을 필요성조차 느끼지 않을 수 있게. 서로를 향한 비난을 멈췄고 우리는 단 하나의 내 편이 되어 편하게 마음을 이야기하게 되었다.

우리 가족은 요즘 신갈천에 잘 포장된 산책길을 걷는다. 아이들과 함께 오리도 보면서 걸으며 이야기한다. 아이들이 자라면서 이제 엄마, 아빠가 싸웠던 일을 잘 기억하지 못하지만, 우리는 이 시간이 얼마나 소중한지 잘 알고 있다. "아빠, 운동 기구 좀 하다가 가자." 간혹 보이는 운동 기구를 너도나도 열심히 하다가 다시 걷는다. 특별할 게 없는 산책길이지만 가족이 내 옆에서 같이 걷는다는 것만으로도 감사한 시간이 된다. 신갈천에는 갈대도 많고, 물도 비교적 맑은 편이다. 뻥 뚫린 시야로 하늘과 물을 함께 바라보며 손을 잡고 걸을 수 있다. 그러다 보니 오리도 종류별로 보이고 백로도 가끔 보여서 아이들도 좋아한다. 계속 걷다가 보면 특별한 말이 필요하지 않지만 서로 같은 길을 걷고 있고 앞으로도 같은 길을 걸어가야 할 부부라는 것이 느껴진다. 그 사실이 서로에게 큰 힘이 되어준다. 내 마음이 이렇다고 이야기하지 않아도 상대가 무엇을 원할지에 관심을 기울이고 있으니 점점 말과 행동이 달라지고 있다.

  외로움을 넘어선 고독한 마음을 잘 알고 있던 터라 주변에 소외된 이들에게 관심을 기울이게 된다. 힘들어하는 누군가와 손을 잡고 함께 걸어주고 싶어졌다. 내가 지나왔던 힘든 시간을 견디고 있는 친구가 있다. 누구에게도 쉽게 털어놓을 수 없는 말을 가만히 듣고 있으면 예전의 내 모습과 닮아 마음이 아리다. 상대를 알지 못하고 던지는 말일 수 있기에 조심하며, 될 수 있는 대로 말하지 않는다. 좋은 날들이 오리라 믿으며 기도할 뿐이다. 공감하며 알아주는 것만으로도 힘이 된다는 이야기에 감사하게 된다. 침묵으로 들어주는 한 사람이 있는 것만으로도 세상은 살 만해진다. 나는 마음으로 들어주는 그 한 사람이 되고 싶다.

> 공감받으면 봄이 온다. 강물이 꽁꽁 얼었을 때 얼음을 깨겠다고 망치와 못을 들고 나선다면 어리석다. 망치와 못을 들고 나서는 것은 판단, 평가, 설득 같은 계몽을 하는 일이다. 봄이 오면 강물은 저절로 풀린다. 공감은 봄을 불러오는 일이다.
>
> ········· 정혜신, 『당신이 옳다』

6
아버지를 추억하며

> 남보라

    밀양에 있는 친정으로 내려온 지 벌써 3개월이 다 되어간다. 이곳에 내려온 뒤로 산책은 매일의 습관이 되었다. 물론 내려오기 전에도 산책했지만, 기분이 내킬 때 한 번씩 하는 정도였다. 내려와서는 1일 1 산책은 기본이고 두 번씩 나가는 경우도 많다. 산책 풍경도 180도 바뀌었다. 주변의 아파트들이 푸른 산으로 둘러싸인 농촌 풍경으로 바뀌었고, 산책하는 사람들보다 날아다니는 새가 더 많아졌다. 보통은 어머니나 남편과 걷지만, 가끔은 혼자 걷게 되는 순간이 있다. 혼자 조용히 걷다 보면 이런저런 생각을 하게 되는데 특히 아버지와 함께했던 기억들이 많이 떠오른다. 혼났던 일, 특별했던 결혼식, 행복했던 가족여행 등. 그리고 아버지와 단둘이 걸었던, 어색하면서도 행복했던 하루와 용기 내지 못했던 날들이 떠오르곤 한다.

생각해 보면 아버지는 여행 중, 혼자 앞서 걸으시거나 자주 경로를 이탈하여 걸으시는 일이 많았다. 몇 년 전 베트남 여행 때도 그랬다. 다낭의 '바나힐'이라는 명소를 갔을 때였다. 웬일로 다 같이 걷나 했더니 아니나 다를까, 가족들이 잠깐 꽃에 정신 팔린 사이 아버지가 시야에서 사라지셨다. 나는 어머니를 따라가야 하나 아버지를 따라가야 하나 고민하다 어머니는 남편에게 맡기고 아버지를 쫓아가기로 했다.

"오빠! 내가 나중에 전화할 테니까, 어머니 좀 잘 부탁해!"

이내 아버지를 발견하고 있는 힘껏 걸어 따라붙었지만 그뿐이었다. 말을 붙이기는커녕, 나란히 걸을 용기조차 내지 못한 채, 그 뒤를 졸졸 쫓아다니기만 했다. 잠깐 아버지의 걸음이 멈췄을 때 겨우 내뱉은 한마디는 "아버지, 이제 돌아가시죠."가 다였다. 아버지와 단둘이 걸어본 적이 거의 없다 보니 그 순간이 참 어색했다. 왜 그때 좀 더 용기 내서 대화를 시작하지 못했을까 하는 후회가 밀려오곤 한다. "아버지 여기 진짜 좋다 그죠?" 이 한마디라도 좋았을 텐데.

또 기억 나는 하루는 더 멀리 유럽에서였다. 프랑스 가족여행 중 파리 근교에 있는 '프로뱅(Provins)'이라는 도시로 떠난 적이 있다. 중세 시대의 건물과 문화가 현재까지 보존되어 있는 곳이었다. 'Banquet des Troubadours'라는 곳에서 중세식 요리와 공연을 즐기고 나와 각자 자유의 시간을 잠시 갖기로 했다. 채 말이 끝나기도 전에 아버지는 이미 반대 방향으로 올라가고 계셨다. 평소라면 남편과 둘만 걸었겠지만, 웬일인지 그날은 아버지와 함께 걷고 싶었다. 조금은 멀어져 버린 아버지를 힘겹게 쫓아가는데 문득 아버지의 뒷모습에서 왠지 모를 쓸쓸함과 당신의 모든 세월이 느껴지는 것 같아 먹먹한 기분이 들었다. 겨우 발을 맞춰 걷게 됐을 때 아버지는 조금 놀라신 듯했지만, 예상외로 큰 미소를 보여주셨다. 이내 우리는 이런저런 얘기를 나누었다.

"이런 거 보면 참 신기해. 중세 때 만들어진 건물들이 어떻게 아직도 그대로 있을 수 있을까? 자세히 보면, 이 오래된 집에 사람들도 다 살고 있어."

"이 건물들이 다 석회석으로 되어 있는데, 석회석은 촘촘하고 밀도가 높아서 단열이 잘돼. 그래서 여름에는 시원하고 겨울에는 따뜻하고. 이게 다 조상들의 지혜라. 옛날 사람들은 이걸 어떻게 알았을까?"

솔직히 말하면 아버지와 함께 걸어본 적이 별로 없어서 조금 긴장한 상태였다. 하지만 이야기를 쏟아내는 아버지를 보며, 오늘은 용기 내어 따라오길 잘했다는 생각이 들었다. 아버지도 내가 다가오길 내심 기다리셨을까? 이렇게 신나게 무언가를 설명하신 적은 처음이었다. 나중에 어머니께 들은 얘기지만, 어렸을 때부터 아버지는 우리에게 많은 것을 보여주고 싶고, 알려주고 싶어 하셨다고 했다. 아버지의 기대와는 달리 우리가 호기심이나 궁금증이 없어 보여 안타까워하셨다고. 그날의 산책은 묘하게 떨리고 행복했던 순간이었다. 다음에도 꼭 용기 내서 함께 걸을 수 있기를, 마치 좋아하는 연예인을 만난 팬의 마음처럼 소망했다. 얼굴이 발개져서는 아버지께 사진도 같이 찍고 싶다고 말했다. 그 덕분일까. 아버지는 이동 후 도착한 다음 장소에서 내게 먼저 손을 내밀어 사진을 찍자고 하셨다. 처음이었다. 그때 사진을 꺼내어보면 우리 두 사람의 모습이나 포즈에 묘한 긴장감과 어색함이 녹아있다.

"있을 때 잘해."라는 말을 얼마나 많이 들으며 살아왔을까. 그 말이 이렇게나 사무치게 꽂히는 날이 올지 전혀 알지 못했다. 기회라는 게 따로 있는 게 아니었다. 여행이 아니라도 아버지와는 언제라도 대화할 수 있었다. 함께 밥 먹고 TV 보면서 할 수도 있었고, 멀리 떨어져 있을 때는 전화로라도 얼마든지 가능했다. 하지만 이상하리만치 아버지와 나 사이의 심리적 거리는 멀었다. 유럽 여행을 계기로 그 거리는 서서히 메꾸어 갈 수 있을지도 모른다고 생각했다. 하지만 세상은 호락호락하지 않았다. 여행을 다녀온 지 4개월밖에 되지 않았는데, 올해 2월 아버지가 갑자기 세상을 떠나셨다. 내게는 더 이상 아버지와 대화하며 한적한 시골길을 걸어볼 기회가 없다. 이제 와 후회한들 소용없다는 걸 잘 알지만, 그래서 더 아프고 그립다.

어머니와 함께 산책하는 날이 많다. 지금보다 좀 더 어렸을 때 한 번씩 같이 걷게 되면 그때는 함께 가기 싫다고 생각한 적도 있었다. 그도 그럴 것이, 어머니는 유독 걸음이 빠르시기 때문이다. 걸음을 따라가려면 나는 계속 뛰듯이 걸을 수밖에 없어서 집에 오면 거의 녹초가 되었다. 하지만 지금은 다르다. 조금이라도 더 많은 시간을 함께 보내고 싶은 마음에 어머니의 걸음걸이를 관찰하기로 했다. 자세히 보니 어머니는 보폭을 크게 하고 팔도 크게 휘두르며 추진력을 얻어 앞으로 나아가신다. 나도 팔다리를 휘적대며 흉내 내어 보았다. 그러다 보니 어느새 내 몸에도 익어 바로 옆에서 대화도 가능할 정도로 빠르게 걸을 수 있게 되었다. 보통은 평범한 일상의 대화를 나누지만, 처음에는 어떤 얘기를 해야 할지 몰라 힘들었다. 하지만 같은 후회를 반복하기 싫어 뭐든지 던지고 봤다. 예를 들면, "오늘은 봄나물과 함께 먹은 밥이 너무 맛있었어요." 같은 아주 가벼운 얘기부터 시작하는 것이다.

지금은 익숙해져서 수다쟁이가 됐다. 뭐든지 처음이 힘든 법이다. 입도 다리도 한 번 풀리니 주체할 수가 없이 가벼울 뿐이다. 오늘도 어머니 뒤를 쫓아 나선다. 함께 걷는 이 시간과 이 풍경이 앞으로도 영원하길 바라며.

힘든 시기를 겪을 거야. 하지만 그게 항상 너로 하여금 이제껏 알아채지 못했던 좋은 것들을 깨닫게 해줄 거야.

.... 영화 〈굿 윌 헌팅〉

7
흩어진 기억 속을 걷다

(유하나)

    늦은 오후 산책을 하러 집을 나섰다. 하교 시간이었는지, 집 앞 중학교에서 아이들이 와르르 쏟아져 나왔다. 교문이 열리기가 무섭게 몰려나오는 아이들은 저마다 들뜬 얼굴을 하고 있었다. 누군가는 친구들과 어깨를 나란히 부딪치며 장난을 쳤고 누군가는 휴대폰을 들여다보며 전화를 걸었다. 교복 치맛자락이 바람에 흩날리고 무엇이 그리 좋은지 아이들은 깔깔거리며 걸어 나왔다. 그 장면들을 멀찍이서 바라보다 생각했다. 나도 저런 시절이 있었지. 하루하루 별 건 없었지만 특별했던 시절. 나에게는 세상에 둘도 없는 단짝 친구가 있었다. 고등학교 1학년 때 만난 고운이다. 처음부터 잘 통했다. 하루 종일 붙어 있으면서도 할 말이 넘쳐나고 사소한 일상을 모두 나누었다. 우리는 늘 뭔가를 도모했다. 야간자율학습 시간에 도망갈 궁리를 하거나 과자를 몰래 먹으며 라디오를 듣기도 했다. 한 번은 둘이 몰래 자습실을 빠져나가려다 선생님께 들켰다. 다음

날 벌을 서면서도 서로를 보며 킥킥거리다 더 혼이 났지만, 마냥 즐거웠던 시절이었다.

　매일 함께 추억을 쌓아갔다. 어떤 날은 HOT 오빠들에게 푹 빠져 하루 종일 같이 음악을 들으며 얼마나 멋있는지 떠들어댔다. 서로의 꿈에 관해 이야기하면서도 미래가 막막하다고 푸념하기도 했다. 마침내 우리는 고등학교를 졸업하고 각자의 길을 갔지만 자주 만나고 항상 웃었다. 스무 살, 자유롭고 싶은 나이였다. 자유를 온몸으로 느껴보고 싶었다. 그래서였을까. 술도 많이 마셨고 하고 싶은 이야기를 밤새 나누었다. 2000년, 세기가 바뀌던 그해의 마지막 날. 종로에서 제야의 종소리를 듣기로 했다. 종각역 근처는 이미 인파로 가득했다. 사람들은 마치 새로운 세상을 맞이하듯 흥분되어 있었고 우리도 분위기에 휩쓸려 들떠있었다. 10, 9, 8⋯. 거리 전체가 하나의 목소리가 되어 카운트다운을 시작했다. 마지막 1이 터져 나오자마자 폭죽이 터졌고 서로를 끌어안으며 새해 인사를 주고받았다. 많은 인파가 도로를 점령해 대학로로 향해 걸어갔다. 우리 역시 서로 팔짱을 끼고 대학로 방향으로 걸었다. 새벽 공기는 차가웠지만 마음은 뜨거웠다. 세상이 정말 바뀌는 것만 같았다.

　대학로의 작은 술집에 들어갔다. 따뜻한 실내, 북적이는 테이블 사이에 나란히 앉았다. 그리고 새해 첫 소주잔을 천천히 기울였다. 낯설고도 설레는 2000년. 서로의 꿈에 관해 이야기했다. "나는 광고 디자이너가 될 거야. 돈도 많이 벌고 유명해질 거야." 고운이는 두 눈을 반짝이며 말했다. "나는 호주에 가서 영어를 공부할 거야. 그리고 꼭 멋진 영어 강사가 될 거고." 내가 말했다. 둘 다 그 꿈이 얼마나 멋진지 진심으로 공감해줬다. 두려움은 없었다. 지나온 날보다 앞으로 살아갈 날들이 훨씬 더 눈부실 거라는 걸 의심하지 않았다. 젊음은 우리를 담대하게 만들었다. 새해의 첫날을 맞이하며 서로의 미래를 빌었고 누구보다 믿고 의지했다. 그 밤은 지금도 기억 속에 또렷이 남아있다. 대학을 졸업하고 사회에 나와 각자의 일터에서 분주한 삶을 시작했지만, 우정은 여전하다 믿었다. 바쁘다는 이유로 만남의 간격이 점점 길어졌어도 어제 만난 사람처럼 이야기꽃을 피웠다. 연애 이야기를 털어놓고, 회사에서 있었던 억울하고 웃긴 일을 공유하며 여전히 가장 가까운 사람으로 지냈다.

    그러던 어느 해, 나는 이른 결혼을 했고, 고운이는 디자이너로서 자기 일을 꾸준히 해나가며 경력을 쌓아가고 있었다. 어느새 다른 삶을 살고 있었다. 그럼에도 나는 고운이가 여전히 내 편이라는 생각에 종종 전화를 걸어 내가 얼마나 아프고 힘든지 하소연을 늘어놓았다. "나 더는 못 살겠어. 이혼할 거야." 갑자기 전화해서 울고불고하며 이혼하겠다는 나에게 친구는 놀라고 당황했다. 하지만 고운이는 나의 그런 모습을 묵묵히 받아주었다. 반면 나는 몰랐다. 내가 쏟아낸 말들이 친구에게 어떤 무게로 다가갔을지. 어떤 마음으로 나의 아픔을 받아내고 있었는지. 그렇게 우리의 시간은 흘러갔다.

   결혼 생활 10년쯤 되었을 때였다. 오랜만에 친구들과 함께 모인 자리였다. 들뜬 분위기 속에서 예전처럼 웃고 떠들며 술잔을 주고받았다. 그런데 그날 고운이가 이상했다. "넌 항상 남편과의 관계에서 피해자라고 생각하지만 난 그렇게 생각하지 않아." 순간 그 말을 제대로 이해하지 못했다. 그런 말을 할 줄은 상상도 못 했기 때문이다. 당황스러웠고 다음 말들이 이어질수록 마음이 무너졌다. "세상에는 더 힘든 사람도 많아. 너만 힘든 게 아니야. 솔직히 넌 너무 자기중심적이야. 그리고 가끔 보면 철없어 보여." 그 말은 칼처럼 날아와 마음을 찔렀다. 그러더니 갑자기 이런 말을 꺼냈다. "너는 내가 몇 번이나 죽으려고 했는지 알아?" 그제야 나는 그동안 내가 친구에 대해 얼마나 몰랐는지를 깨달았다. 언제나 밝고 씩씩했던, 내 말에 늘 귀 기울여주던 고운이. 내 불행한 결혼 생활의 이야기만 하느라 친구가 어떤 삶을 살고 있었는지 들여다보지 못했다. 여러 번이나 죽고 싶었다는 사실이 믿기지 않았고 미안했지만, 제대로 사과하지 못했다. 감정이 아직 정리되지 않았고 친구의 말들을 받아들일 준비가 되어 있지 않았기 때문이다. 오히려 내가 얼마나 힘들게 살았는지 더 강하게 들이댔다. 그날 이후로 이런 일들이 몇 번 더 일어났고 우리는 조금씩 멀어졌다.

지금도 종종 생각한다. 그날 친구에게 따뜻하게 대했더라면 어땠을까. 마음속 깊은 곳에 남은 그날의 장면은 여전히 나를 아리게 한다. 하지만 후회만이 전부는 아니다. 그 시절의 우정은 내게 단순한 추억이 아니라 삶을 버텨내는 어떤 힘이었다. 고운이는 내 인생의 가장 힘들었던 시기에 언제나 내 편이었다. 그래서인지 요즘처럼 혼자 천천히 걷는 날이면 이유도 없이 문득 그녀가 떠오른다. 계절이 바뀌는 길목이나 해가 뉘엿뉘엿 넘어가는 도시의 풍경 속에서 나란히 걸으며 웃던 날들이 내 안에 살아난다. 멀어졌다고 해서 사라진 건 아니었다. 여전히 내 삶 한가운데에 친구가 있다. 나는 생각한다. 그 시절의 우정이 지금의 나를 만든 또 하나의 이름이었다는 것을.

시간을 두고 하나하나 서서히 풀어나가지 않으면 안 되는 거야. 할 수 있겠어?
········· 무라카미 하루키, 『상실의 시대』

8
Slipping Through My Fingers

(장인실)

    재이는 초등학교 5학년이다. 사춘기 초입에 들어선 것 같다. 불과 한 달 전까지만 해도 아이와 갈등을 겪는 방송이 나오면 남 일이라고 여겼다. 하지만 요즘 들어 아들의 반응이 거칠었다. "참견하지 마세요."라든가, "제가 알아서 해요."라는 말로 엄마의 말을 간섭으로 여기며 제지했다. 가슴이 휑해지는 느낌을 받았다. 지난주 금요일 밤 재이는 갑자기 배가 아프다고 했다. 그리고 화장실에 한참 앉아 있더니 태권도를 못 가겠다고 했다. 사범님께 전화를 걸어 상황을 알렸다. 그런데 잠시 후, 문을 열고 나온 아들은 "엄마, 괜찮아졌으니까 나 태권도 갈래요."라고 했다. 쉬게 하고 싶었지만, 아이의 단호한 눈빛을 보니 그러라고 하고 같이 따라나섰다. "엄마 오지 않으셔도 돼요. 저 혼자 갈 수 있어요." 하는 아이를 아파트 상가까지 데려다주었다. 아이는 "엄마. 다녀올게요."라며 무심히 나를 한 번 쳐다보더니 뛰어갔다. 아이의 멀어지는 뒷모습을 보면서 손가락 사이로 빠져나가는 아이의 시간을 멍하니 바라보았다. 사춘기로 어떤 때는 밉다가도 이렇게 엄마의 마음을 애 닳게 할 때가 있다.

영화 〈맘마미아〉에는 엄마 도나가 딸 소피의 결혼식을 앞두고 〈Slipping Through My Fingers〉를 부르는 장면이 나온다.
Slipping through my fingers all the time.
I try to capture every minute.
Do I really see what's in her mind?
Each time I think that I'm close to knowing. She keeps on growing.

소피의 머리를 손질하고 웨딩드레스의 지퍼를 채워 주고, 거울을 보면서 엄마 도나는 이 노래를 불렀다. '우리는 함께 있었지만, 결국은 모두 스쳐 지나간 순간이었다'라며 후회와 연민을 느낀다는 가사 말이다. 매일 아침 아이의 뒷모습을 보며 손가락 사이로 빠져나가는 듯 아이와의 시간이 내 곁을 스쳐 지나가고 있음을 느낀다. 책가방을 메고 무심히 현관문을 나서는 아이. 그 모습은 늘 지금 여기 있지만, 언제나 조금씩 멀어지고 있는 것만 같다.

재이는 내가 마흔다섯에 품게 된 아이였다. 평촌 봄빛병원에서 '노 산모' 중에서도 가장 고령이었다. 그 사실은 기쁨보다는 내게 두려움과 불안함을 먼저 안겨주었다. 첫 진료를 받던 날, 나는 원장님 앞에서 아이를 잃을까 봐, 또다시 안타까운 이별을 겪게 될까 봐 말없이 눈물을 흘렸다.

"나이가 있어서 그런 거예요. 그러니 엽산은 다른 산모보다 두 배로 드시고, 무엇보다 마음을 편히 가지세요. 좋은 생각만 하셔야 해요." 늦은 나이에 아이를 갖는다는 건 쉽지 않았다. 이미 내 몸은 노화의 길로 접어들고 있었다. 움직임도 둔해졌고, 머리카락이 조금씩 하얗게 세어가던 그즈음이었다. 이미 여러 번 아이를 유산했기에 포기하고 마음을 비우고 있을 때 아이는 선물처럼 와 주었다. 다행히 입덧은 많이 하지 않았다. 하지만 몸을 움직일 수 없을 정도로 무겁고 힘들었다. 움직일 때마다 통증이 밀려왔지만, 임신중독증 증상이 보여서 움직여야 했다. 그때 나는 팝송과 클래식 곡들을 들으면서 동네 길을 걸었다. 날이 좋은 날에는 존 덴버 노래 〈Today〉나 〈Sunshine on my shoulders〉를 들었고, 날이 좋지 않은 날에는 바흐의 〈G 선상의 아리아〉나 〈양들은 한가로이 풀을 뜯고〉를 들으면서 걸었다. 날이 종잡을 수 없이 변덕스러운 날에는 모차르트의 음악을 들었다. 피아노 건반 위로 이슬방울이 굴러가는 소리가 나는 〈모차르트 소나타 16번 K-545〉, 이 곡은 아이가 초등 4학년 때 피아노 콩쿠르 곡으로 들고 나가 최우수상을 타기도 했다. 그 덕분인지 아이는 음악에 관심이 많았다. 3살 때쯤 아이는 자기가 마음에 드는 클래식 곡이 나오면 음악이 나오는 cd 앞에서 꼼짝하지 않고 그 곡이 다 끝날 때까지 서 있기도 했었다. 장장 40분 동안을 아무 말 없이 서 있었다.

재이가 태어나면서 모든 길을 아이와 함께 걷고 싶었다. 아이를 유아용 등산 캐리어에 태우고 설악산에 올라가기도 하고, 바라산을 걸었다. 하지만, 시간은 달라졌다. 우리가 함께 오르던 산은 거실 창 너머로만 존재했다. 모락산은 늘 그 자리에 있었지만, 거기 닿을 수 없었다. "산에 가자."라고 하면 먼저 울음을 터뜨리던 아이, 맛있는 햄버거를 사주며 겨우 초입까지 데려가는 데 성공했지만, 그 앞에서 울음을 터트리는 아이를 보며 우리는 한 걸음조차 내딛지 못한 채 돌아와야 했다.

그렇게 일곱 해가 흘렀다. 이제 아이의 손은 연약함을 벗고, 말끝에는 의젓함이 묻어나기 시작했다. 그러던 어느 날, 유치원에서 돌아온 아이가 조심스럽게 말했다. "엄마, 나도 산에 가고 싶어." "산에 가겠다고. 우리 재이가!" "응 엄마! 어제 유찬이가 아빠랑 산에 다녀왔다고 자랑했어. 그랬더니 선생님이 형처럼 씩씩하게 잘 다녀왔다고 칭찬 많이 해주시더라. 형은 산에도 씩씩하게 올라갈 수 있는 사람이래. 나도 산에 올라가고 싶어!" 오지 않을 것 같은 계절이 온 것 같았다. "멋지다! 우리 재이! 일곱 살 형이 되더니 정말 씩씩해졌네! 스스로 산에 간다고 하기도 하고." 나는 아이의 말 위에 봄 햇살 같은 따뜻한 격려를 얹었다.

그리고 주말에, 우리는 모락산을 찾았다. 봄빛이 스며든 숲길을 천천히 걸었다. 명상의 숲을 지나 계원예대 쪽으로 이어지는 길, 그 길은 오래도록 기다려준 사람처럼 우리의 발길을 조용히 반겼다. 아이는 걷다가 멈추고, 멈추다가 쪼그려 앉아 무언가를 바라보고 있었다. 아이는 그 작디작은 생명체가 몸을 말았다 펴며 나아가는 모습을 눈을 반짝이며 쫓고 있었다. 나뭇가지 같은 작은 벌레 하나가 흙바닥 위를 기어갔다. 자벌레였다. 몸을 '기역 자'로 구부리고 펴고 구부리고 펴며 떨어진 나뭇잎 위를 기어간다. 자벌레는 자나방의 애벌레다. 앞으로 기어가는 자벌레는 자기 몸의 길이만큼 이동하니 걸음걸이는 재빨랐다. 아이가 나뭇가지로 자벌레를 건드렸다. 꼼짝 안 하고 서 있다. 시간이 조금 흐르자 자벌레는 다시 몸을 유연하게 구부러지고 펴지기를 반복하며 방향을 바꾸기도 하고, 장애물을 만나면 잠시 멈췄다가 조심스럽게 다른 경로를 찾기도 했다. 벌레는 말로 표현할 수 없는 정교한 운동을 하고 있으며, 이 작은 몸 안에 담긴 생존의 기술은 조용하지만 놀라울 만큼 체계적이었다.

  우리가 미처 발견하지 못했던 자연의 한 장면을 아이는 온 마음으로 읽고 있었다. 나는 그 순간, 내가 아이에게 물려주고 싶은 유산이 무엇인지 알게 되었다. 성공도 지식도 아닌 느낄 수 있는 마음, 자연을 사랑하고 작은 생명에 고개를 숙이고, 흙 내음을 맡으며 살아갈 줄 아는 감각. 내가 아이에게 물려주고 싶은 유산이었다. 그것은 자연을 사랑하는 마음이다. 자연을 관찰하고 느끼고, 결국 애정 어린 시선으로 바라보는 힘이다. 아이의 삶을 단단하게 지켜줄 보이지 않는 나무뿌리다. 나는 독서만

큼이나 자연 속에서의 시간을 귀하게 여긴다. 자연을 세심하게 바라보는 아이는 언젠가 자연을 닮은 사람으로 자라날 것이다.

무언가를 오래 들여다본다는 것은 곧 받아들인다는 일이다. 이해할 수 없는 삶의 순간을 '그럴 수도 있지'라며 흘려보내는 유연함. 오래 바라보는 시간 속에서 우리는 자기 마음을 들여다보며 감정을 알아간다. 그러다 보면 뜻밖의 지혜가 조용히 찾아오기도 한다. 깊이 오래 바라본다는 것은 세상을 사랑하는 방법이다. 아이가 그런 마음을 품고 자라나길 바란다.

> 자연은 자연과 가까이 지내는 사람들의 마음을 안정되게 만든다. 자연과 친하게 되면 신체뿐만 아니라 정신도 건강해진다. 숲은 어린아이에게 가장 좋은 교과서이다.
>
> ········· 기무라 큐이치, 「칼 비테 영재 교육법」

9
커다란 나무 같은 사람

정가주

    운동장 둘레엔 오래된 나무들이 줄지어 서 있었다. 울창하게 하늘로 뻗은 나뭇가지와 잎을 보니 세월의 흔적이 보였다. 팔을 뻗어 나무를 안으면 내 품에 다 들어오지 않는, 시간을 견뎌낸 아름드리나무. 철마다 다른 풍경이 나무에 새겨져 있겠지.

    운동회 날이면 나무 그늘 밑에 돗자리를 펴고 앉아 엄마가 싸 온 김밥, 초코파이, 과일을 나눠 먹었다. 흙먼지가 풀풀 날리는 운동장을 발바닥이 뜨겁도록 달렸던 기억도 생생하다. 걸스카우트 야영 날, 운동장 한쪽에 텐트를 치고 배운 레시피를 달달 외워 감자찌개를 끓여 설익은 밥과 먹는 저녁은 꿀맛이었다. 해가 지고 별이 하나둘 떠오를 무렵엔 음악을 틀고 운동장 한가운데서 짝과 함께 춤을 췄다. 운동장 가운데에서 캠프파이어를 하면서 '우리들의 이야기는~ 끝이 없어라.' 노래를 부르던 그때의 공기가 아직도 마음에 남아 있다.

운동회 땐 청색과 홍색 머리띠를 질끈 동여매고, 하얀 체육복을 입고 달렸다. '자, 준비!' 구령이 울리면 심장이 콩콩 뛰며 다리가 후들거렸다. 죽어라 달려도 늘 20초가 넘기 일쑤였지만.

파란색, 빨간색 수술을 흔들며 목이 터져라 응원가를 부르고 부채춤을 췄다. 분홍색에 화려한 색색의 비즈가 달린 부채를 펴고, 친구와 부채 끝을 맞추어 파도를 타면서. 엄마 앞에서 공연하는 날을 기다리며 한 달을 연습했다.

월요일 아침이면 운동장에 반별로 줄을 맞춰 섰다. '나란히, 나란히' 선생님의 외침에 따라 발끝을 맞추고, 교장 선생님의 말씀을 들었다. 친구와 장난치는 남자아이들은 금방 선생님 눈에 띄어 혼나기 일쑤였다. 멀리 던지기는 달리기만큼이나 자신이 없었다. 내가 던진 공이 바로 앞에 떨어질 때마다 부끄러워 고개를 숙였던 때가 생각난다. 그나마 나았던 건 오래 버티기만 하면 되는 철봉 매달리기였다. 운동장에 담긴 추억이 하나둘 떠오를 때마다 시간이 빠르게 지난 걸 새삼스레 느낀다.

이제 나는 운동장에서 놀던 시간을 지나 어른이 되었다. 함께 뛰어놀던 아이들은 각자의 길로 흩어졌고 나무들은 여전히 제자리를 지키고 있다. 요즘 아이들에게도 운동장 추억이 있을까. 내가 알지 못하는 바람과 햇살, 흙냄새 속에서 피어난 또 다른 이야기들이.

하교 후 아들을 데리러 갔더니 친구와 운동장에서 그네를 타며 놀고 있었다. 한 명은 뒤에서 밀어주고, 한 명은 발을 구르며 더 높이, 높이 올라간다. 그러다가 냅다 뛰어내려 옆에 있는 미끄럼틀로 달려간다. 5월인데도 햇볕이 따가웠다. 아이들이 놀 동안 나는 운동장 주변을 천천히 걸었다. 푸른 나뭇잎이 시원한 그늘을 만들어주었다. 하교 후 학교에 남은 아이들은 세 명뿐. 교문을 지키고 있던 경비 아저씨도 퇴근하고, 주차장에 세워져 있던 한두 대의 차도 안 보일쯤이었다. 교실 앞에 꾸며놓은 텃밭엔 아이들이 심어놓은 상추와 토마토가 자라고 있었다. 초등학교 때 완두콩 한 알을 심어 매일 물을 주면서 관찰 일기를 썼을 때가 생각났다. 처음 흙 밖으로 떡잎이 삐죽 고개를 내밀고 연한 잎을 틔울 때 관찰 일기에 기록하면서 신기해했었지. 솜을 적신 후 강낭콩 한 알을 놓고 싹을 틔우기만을 기다렸던 때도 있었다. 나는 어느새 봄이면 씨앗을 화분에 심어 무럭무럭 자라기를 바랐던 어린아이로 돌아가 운동장을 걷는다. 하지만 그것도 잠깐.

"이제 그만 가자!"
"좀 내버려 둬라. 더 놀게." 빨리 가자고 재촉하는 나에게 나무가 이렇게 말하는 것 같았다. 마치 처음부터 다 지켜보고 있었던 사람처럼.

일본의 그림책 작가 이세 히테코가 쓴 그림책 『커다란 나무같은 사람』을 좋아한다. 식물을 사랑하는 소녀와 식물학자의 이야기다. 식물원 안

곳곳을 돌아다니며 그림을 그리고 나무를 관찰하는 소녀, 30년 넘게 나무를 연구하는 식물학자의 만남을 그린 책이다. 이 책의 주인공, 사에라는 프랑스어로 'ca et la'와 발음이 같다. 원래 뜻으로 하자면 '이곳저곳'이라는 뜻이다. 사에라는 식물원 이곳저곳에 불쑥불쑥 나타나 식물학자와 정원사를 애먹이는 소녀이다. 나무나 잔디밭 동상 위에 앉아 그림을 그리고, 연못 주변을 서성거리며 정원사의 신경을 건드리던 사에라가 어느 날 꽃을 뽑아 야단을 맞는다. 이런 사에라에게 식물원 이곳저곳을 구경시켜 주며 설명을 한 식물학자는 시에라를 연구실에도 데려가 해바라기 씨앗을 주며 키워보라고 격려한다. 그리고 옆에서 시에라를 묵묵히 지켜봐 준다. 해바라기 싹이 자랄수록 식물원에 대한 애정도 함께 키운 사에라는 매일 아침 찾아와 식물원의 가족처럼 지낸다. 사에라는 일본으로 떠나고, 감사의 인사와 함께 그림들을 남겨둔다. 식물학자는 그 그림들과 사에라가 키운 해바라기 씨앗으로 더 많은 행복을 나누고자 한다.

 식물학자는 말없이 소녀의 성장을 기다려준다. 나무처럼 자신의 자리를 지키며, 다가가지도 밀어내지도 않는다. 나도 그런 어른이 되었나. 때로는 아이에게 사사건건 간섭하는 엄마일 때도 많았다. 부족할까 봐 공부를 먼저 계획하고 스케쥴을 미리 짜놓고 이래라저래라 하는. 딸이 사춘기로 한창 힘들어할 때 내게 한 말이 있다. 엄마는 왜 맨날 엄마 마음대로 하냐고. 내 말대로 잘 따라와 주는 아이가 잘 크는 거로 생각했다.

하지만 그건 내 기준이었을 뿐. 아이는 내 마음대로 휘두르는 존재가 아니었다. 아이가 뛰어놀 공간을 허락하고, 멀리서 지켜보며, 스스로 자라나도록 기다려주는 사람이 엄마일 텐데, 머리로는 이해하면서도 마음으론 '빨리!'를 외쳐댔다.

관계란 손을 꼭 붙드는 게 아니라, 기댈 수 있는 그늘이 되어주는 것, 마음껏 뛰어도 괜찮다고 믿어주는 것이다. 아이의 뒷모습을 바라보며, 나 또한 '나무 같은 사람'이 되자고 마음먹는다. 내가 어릴 적 운동장에서 자유를 느낀 것처럼 아이들도 그런 시간과 공간을 마음껏 누리기를 바란다.

운동장 나무 그늘에 서서 아이들이 노는 모습을 한참 바라본다. 바람이 나뭇가지를 흔들 듯, 내 마음도 살짝 흔들린다. 오래도록 제자리에 서서 묵묵히 바람과 햇살을 견디며, 누군가의 시간을 품는 나무처럼 나도 그런 사람이 되자고.

커다란 나무야. 말없이, 언제까지나 기억하는 나무야.
네가 보아 온 것들을 들려다오.
네게서 나온 말은 나의 이야기가 된단다.

·········· 이세 히데코, 『커다란 나무같은 사람』

10
걸음을 맞추며, 마음을 잇다

최보영

평일엔 함께하지 못해도, 마음만은 늘 아이 곁에 머문다. 하루를 보내는 동안 문득문득 아이 생각이 난다. 지금쯤 뭘 하고 있을까. 별일은 없을까. 주말마다 아이를 만나지만 가장 아픈 건 마음을 나눌 시간이 남들보다 적다는 사실이다. 아이가 어떤 하루를 보냈는지 무엇에 웃고 울었는지 곁에서 지켜보지 못하는 일은 생각보다 허전하다.

오늘은 어떤 얼굴로 잠이 들었을까. 아침엔 어떤 기분으로 눈을 떴을까. 밥은 잘 챙겨 먹었을까. 숙제는 했을까…. 당장 물을 수 없는 질문들만 마음에 남는다. 나는 사랑이란 곁에 머무는 시간 속에서 더 또렷해지는 거라고 믿어왔다. 그래서였을까. '사랑이란 결국, 곁에 있어 주는 것이다.'[4] 이 문장이 괜히 더 아프게 들렸다. 함께 있어 주지 못한 건 내가 바

---
4 『바람이 분다. 당신이 좋다』, 이병률 지음, 달 출판사, 2012년

라던 일도, 기꺼이 선택한 일도 아니었으니까.

'내가 원한 삶은 아니었잖아.'

토해내듯 내뱉어보지만, 결국 그것은 내가 감당하기로 한 삶이었다. 삶을 지키기 위한 결정이었고 그 결과로 생긴 빈틈이었다. 누구도 탓할 수 없었다. 되돌릴 수 없는 현실을 붙잡고 나는 더 애쓰게 된다. 딸과 짧은 만남 속에 나도 모르게 놓친 마음까지 가득 담아보려 애쓴다.

아이를 만나러 가는 금요일 저녁, 딸이 사는 아파트 지하 주차장에 들어서면 공기가 살짝 달라지는 것 같다. 괜히 숨을 한 번 고르게 된다. 아무도 보지 않는데도, 괜히 눈치가 보인다. 아이를 기다리고 있는 내 모습이 눈에 띄지 않았으면 싶다. 도착 문자를 보내고 나면 그 짧은 몇 분이 이상하리만치 더디게 흐른다. 엘리베이터 앞에 서 있는 순간이 가장 어색하다. 시선을 둘 곳이 없어 멍하니 허공을 바라보다가, 괜히 핸드폰을 만지작거리게 된다. 문 앞에 서 있자니, 이런저런 생각이 머릿속을 맴돈다. 딸은 오늘 나를 어떤 얼굴로 맞아줄까. 문이 열린다. 익숙한 발소리가 총총 다가온다. 나는 양팔을 벌린다. 아이도 두 팔을 활짝 뻗어 내게 안긴다. 우리는 약속한 것처럼 서로를 꼭 껴안는다. 깊은 포옹 하나면 충분했다. 말없이도, 우리는 서로의 그리움을 알아챘다. 포근한 품으로, 따뜻한 온기로. 그 짧은 순간은 단순한 재회가 아니라 내가 다시 '엄마'라는 자리로 돌아오는 길이 된다.

차에 오르자마자 딸이 일주일 치 이야기보따리를 푼다.

"엄마, 우리 학교에서 마니또를 뽑았거든. 각자 마니또한테 장점 세 개를 써주는 거였는데, 누가 내 장점을 써서 사물함에 넣어놨더라? 근데 글씨가 너무 작은 거야. 결국 하나도 못 읽었어."

아이의 웃음소리가 차 안을 가득 채운다. 나도 함께 웃지만, 그 웃음 뒤에 따라오는 쓸쓸함은 쉽게 감춰지지 않는다. 며칠이 지나서야 들은 이야기라는 게 괜히 마음을 찌른다. 방과 후, 그 쪽지를 아이와 함께 읽었더라면 어땠을까. 작은 종이를 눈앞에 바짝 들이대고 둘이 뭐라고 쓰여 있는지 맞혀보며 키득거렸겠지. 제때 나누지 못한 장면 하나가 오래도록 마음에 남는다.

"가져와 보지 그랬어. 같이 봤으면 더 재밌었을 텐데."

무심코 내뱉은 말이 허공에 흩어진다. 함께하지 못한 사소한 순간 하나가 아직도 마음에 아른거린다. 재잘거리던 딸이 어느새 조용해져 창밖을 바라본다. 무슨 생각을 하고 있을까. 나처럼 마음이 복잡하진 않겠지, 그냥…. 다 궁금하다. 주말마다 아이와 나누는 이 평범한 순간들이 내겐 유난히 소중하게 느껴진다. 그 마음이 점점 커질 즈음 딸이 고개를 돌려 나와 눈을 맞춘다. 그리고 환하게 웃어준다. 그 미소를 마주하는 순간 복잡하던 마음이 스르르 풀린다. 이 아이는 언제나 말보다 먼저 몸짓으로 마음을 보여준다.

길을 걸을 때면, 딸은 내 손을 꼭 잡는다. 작은 손끝에서 전해지는 온기가 팔 안쪽까지 스며든다. 발걸음도 나란하다. 내가 오른발을 내디디면 딸도 따라 오른발을 내딛고, 내가 속도를 늦추면 아이도 걸음을 늦춘다.

"엄마, 발이 안 맞잖아!"

장난기 어린 목소리에 나도 웃으며 다시 한번 발을 맞춘다. 걷기 싫어하던 아이가 이제는 먼저 "지하철 타고 가자."라고 말한다. 빠르게 도착하는 것보다 함께 걷고 이야기 나누는 그 길이 더 좋은 모양이다. 많은 말을 하지 않아도 아이 마음이 전해진다. 아이들은 그렇게, 사랑하는 사람의 일상에 조용히 스며들고 싶어 하는 것 같다. 요즘엔 그 마음이 더 선명하게 느껴진다. "잠깐 쓰레기 버리고 올게." 한마디에도 어느새 현관 앞에 서 있고 "엄마처럼 입고 싶어." 하며 비슷한 옷과 양말을 고른다. 내가 책을 보려고 앉으면 아이도 내 안경을 가져와 쓰고, 옆자리에 앉아 자세를 바로잡는다. 이는 단순한 흉내가 아니라 닮고 싶은 마음일 것이다. 평소에 함께 나누지 못한 빈자리를 그렇게 채우고 싶은 걸지도 모른다. 말투까지 따라 하며 웃는 모습을 볼 때면 처음엔 그저 귀엽기만 한데, 어느새 마음 한구석이 살며시 스며들 듯 아려온다. 작은 몸짓이 나를 지켜보고 있다고 느낄 때마다, 나는 저절로 다짐하게 된다. 숨을 깊게 들이쉬고 더 신중하게 발걸음을 내디딘다.

'내 모습이 아이에게 그대로 전해지겠구나.'

그래서 더 단단해져야겠다고 마음을 다잡는다. 아이는 마치 내 마음을 읽기라도 한 듯 말한다.

"엄마, 오늘 진짜 예뻐."

그 말 한마디에 뭉클했던 마음이 스르르 풀리고, 복잡했던 마음도 다시 제자리를 찾는다. 결국 오래 기억에 남는 건, 함께 보낸 밀도 있는 시간 그리고 그 안에서 내가 어떤 태도로 살아가는지를 보여준 날들이다. 그렇게 마음을 나누는 순간들이 짧은 시간이지만 주말 동안 천천히 쌓여간다.

주말 동안 우리는 걷고, 멈추고, 서로를 바라보며 평일에 흘려보낸 일상의 조각들을 하나씩 나눈다. 함께 걷는 길 위에서는 평소보다 말이 많아진다. 딸은 그동안 있었던 일들을 꺼내놓고 나는 그 이야기를 조심스레 마음에 담는다. 매일 단 한 정거장 거리라도 함께 걸을 수 있다면 얼마나 좋을까. 아이가 건네는 말들은 대부분 이미 지나가 버린 시간이라 마음 한편이 아릿해진다. 나는 늘 듣는 사람으로 그리고 시간이 지난 뒤에야 웃는 사람으로 남는다. 그래도 아이의 말속에서 늦게나마 그날의 딸을 다시 만나게 되는 일, 그저 그 순간이 고마울 따름이다. 어느새 딸은 제 속도로 자라고 있다. 내가 닿지 못한 순간들이 더 많았기에 더 빠르게 자라는 것처럼 느껴질지도 모르겠다. 매 순간을 지켜주진 못하지만 아이는 자기 걸음으로 야무지게 자라나고 있다. 귀한 시간이 더 줄기 전에 딸의 말 한마디와 웃음 한 장면을 기억 속에 차곡차곡 담아두고 싶어 우리는 함께 걷는다.

내가 "산책할까?" 하고 물으면, 딸은 망설임 없이 "응." 하고 대답한다. 그 짧은 한마디에 기꺼움이 묻어난다. 손을 잡고 나란히 걷는 시간, 함께 바라보는 순간들이 쌓이며 우리는 서로를 가장 잘 아는 사이가 되어간다. 떨어져 지낸 시간이 있어도 우리를 잇는 마음은 여전히 깊고 선명하다. 길지 않은 주말의 시간이지만 그 안을 서로에 대한 믿음과 사랑으로 하나하나 가득 채워간다. 서툴고 모자랄지라도 함께 걷는 이 시간이 내가 아이에게 전할 수 있는 가장 진솔하고 깊은 사랑이다.

> 걷기는 몸과 마음이 함께 움직이는 행위이며, 세상과 연결되는 가장 단순하면서도 깊은 방식이다.
> 걷는 동안 우리는 생각을 나누고, 고요히 서로를 마주한다.
>
> ·········· 리베카 솔닛, 『걷기의 인문학』

3장

걷다 보면
보이는 풍경들

지구를 위해 해줄 수 있는 건 가끔 길을 걷다 버려진 쓰레기를 줍는 일뿐이지만, 이 작은 행동을 더 오래, 더 자주 해보려 한다. 내가 원하는 것은 푸르른 자연을 우리 아이들도 오래오래 보기를 원하는 것이기에.

무엇 하나 놀거리가 없어도 아이들은 나뭇가지와 돌로 금세 자신만의 장난감을 만들어낸다. 자연 스스로가 훌륭한 놀이의 도구가 된다. 길조차 다듬어지지 않은 오름에서는 더욱 신비한 자연을 느낄 수 있다.

오물오물 산딸기의 상큼함을 머금고 향긋한 풀과 꽃내음을 맡으며 또다시 앞으로 나아간다. 이런 소소한 재미 덕분에 웃으며 하루하루를 마무리할 수 있는 요즘이다. 격동의 봄. 이 아름다운 계절을 온몸으로 느끼는 데 산책만큼 좋은 것이 또 있을까.

1
내가 할 수 있는 건
플로깅뿐

(권윤영)

　나는 불편한 상황에 더 마음을 두는 사람 같다. 오늘 산책길에서도 좋은 풍경보다는 쓰레기가 눈에 들어왔으니까. 지나가는 사람들은 연신 사진을 찍고 있었다. 길가에 피어 있는 꽃, 나뭇가지에 올라온 새순, 맑은 하늘, 물 위에 떠 있는 청둥오리 같은 아름다운 것을. 하지만 나는 내 앞에 놓인 눅눅하게 젖은 담배꽁초, 길가 배수구 옆에 구겨져 있는 반쯤 먹은 커피 컵들, 가끔은 쓰레기가 잔뜩 들은 검은 봉지들까지 보인다. 무심히 버려진 쓰레기들은 나를 그 자리에 한참을 멈춰 서게 하였다. '왜 바닥에 쓰레기를 버리는 걸까? 학교 다닐 때 그런 건 배우지 않았을까? 대체 어떤 마음과 생각으로 저런 행동을 하는 걸까?' 나는 이름도 얼굴도 모르는 이들을 향해 속으로 화를 내곤 했다. 그리고 "이 길은 내 아이도 언젠가는 걷게 될 길인데, 이렇게 쓰레기들이 무심코 버려진다면 내가 누리는 이 순간처럼 아이들도 누릴 수 있을까?"라는 걱정도 들었다. 그러다 문득, 이렇게 화만 내는 것으로는 아무것도 바뀌지 않는다고 생각이 들었고, 쓰레기를 담을 봉지를 들고 걷기 시작했다.

플로깅이란 스웨덴어 'plocka upp(줍다)'와 영어 'jogging'의 합성어로, 달리기나 산책을 하며 길에 버려진 쓰레기를 줍는 행동을 말한다. 요즘 한국에서도 많은 사람이 플로깅 대열에 합류하고 있다. 놀랍게도 작은 봉지 하나가 다 차기까지 시간은 얼마 걸리지 않는다. 특히 아파트 내를 조금만 벗어나면 무심코 버린 다양한 쓰레기들이 풀과 꽃들 사이에 버려져 있는 모습을 볼 수 있다. 나도 모르게 육성으로 소리치며 경악할 때는 쓰레기통이 버젓이 있음에도 불구하고 그 근처에 버려진 쓰레기를 볼 때다. 그리고 최악의 경우는 꽃잎 위에 버려진 담배꽁초를 볼 때다. 그럴 때마다 나는 한없이 작아진다. 내가 하지 않은 행동이지만 인간이 자연에 이렇게 잔인할 수 있을까 생각이 든다. 걸으며 쓰레기를 줍는 나의 작은 행동이 얼마나 주변의 산책길을 깨끗하게 할지 모르지만, 지구에 대한 죄책감을 덜어내는 나만의 방식이 되었다. 그리고 내 아이들이 언젠가 걷게 될 이곳에서 충분히 숨 쉴 수 있는 공기와 아이들의 더움을 잠시 식혀줄 나무 그늘 그리고 여름의 푸르름을 지켜주고 싶었다.

내가 자라난 고향은 거제라는 섬이다. 한국에서 두 번째로 큰 섬 하나, 주변의 88개의 작은 섬들로 이루어진 이곳은 차를 타고 10분만 가면 바닻가를 볼 수 있는 곳이다. 아이들과 나는 플로깅을 시작한 후 해변 산책을 할 때 바다에 버려진 쓰레기들을 줍기 시작했다. 어느 누가 먼저 하자고 하지 않아도 친정집에 갈 때면 시간을 내어 바다로 간다. 집 근처 산책길과 달리 바다를 걸을 때는 우리가 가진 가장 큰 봉지를 챙긴다. 바다에 떠내려온 쓰레기들의 크기가 가끔은 봉지 하나에 들어오지 않기 때문이다. 모래 위를 걷다가 하얀 조개껍질 같아 보여 다가가면 깨진 플라스틱 컵 조각이다. 젖은 담배꽁초는 모래 속에 반쯤 박혀 있다. 돌과 모래 사이에 끼어 있는 플라스틱 빨대들은 흔하다. 음료 캔은 찌그러진 채로 박혀 있다. 반짝이는 은빛 과자 봉지도 모래에 파묻혀 있다. 아주 깊숙이 박힌 그물들을 꺼낼 때는 아이들의 힘으론 역부족이다. 아이들이 이야기한다. "엄마 바닷가에서 쓰레기 줍는 게 훨씬 더 빨리 끝나. 조금만 걸어도 봉지가 금방 채워져." 이러다 보니 우리 아이들은 쓰레기통이 없으면 주머니에 쓰레기를 챙겨오는 습관이 생겼다. 바닷가를 걸으며 쓰레기를 줍는 동안 우리의 귀에는 파도치는 소리와 갈매기가 우는 소리가 들린다. 마치 가사 없이 흐르는 MR이 깔리는 것 같다.

다행인 것은 요즘에는 바닷가에서 플로깅을 할 때 더는 혼자가 아니라는 사실이다. 공공근로 하시는 분들이 커다란 포대자루를 들고 다니시며 커다란 쓰레기를 함께 주워주신다. 덩달아 맨발 걷기를 하는 어른들은 우리 아이들을 보고 "멋지다, 고맙다, 최고다."라고 말해주신다. 어깨에 잔뜩 뿔이 올라간 아이들은 나보다 더 열심히 봉지를 채워간다. 어쩌면 아이들이 치우는 것은 바닷가에 놀러 와 버리고 간 어른들의 양심들일지도 모른다.

연간 114,000톤의 쓰레기가 우리나라 해안선에서 수거된다고 한다. 그 양은 20톤 트럭 5,700대를 다 채우는 양이다. 그중 83%를 차지하는 것이 플라스틱이다. 사람들의 필요로 만들어진 플라스틱들은 바닷물 속에서 아주 작게 부서진다. 결국, 미세플라스틱이 되어 물고기의 아가미 속으로, 조개의 살 속으로 들어가 결국 우리 인간의 식탁으로 올라온다. 연구에 따르면 2050년이 되면 물고기보다 미세플라스틱이 더 많아질 것이라는 예측도 있다. 이러한 숫자는 우리를 놀라게 하지만 더 무서운 것은 이 재앙이 이미 진행 중이라는 사실이다.

처음에는 내가 이상하다고 생각했다. 왜 걸으면서 아름다운 풀과 꽃들보다 버려진 쓰레기들이 먼저 보이는지. 평소 환경보호 운동을 적극적으로 하는 편도 아닌데, 길가에 버려진 쓰레기들만 보면 마음이 불편해지는 나 자신이 신기했다. 그러나 이렇게 글을 적다 보니 이상한 게 아니라 나만의 색깔을 찾아가고 있는 과정이었다. 그렇게 자연은 내게 말없이 가르쳐 주었다. 단순히 아름다움을 주는 게 아니라, 내 안을 들여다보게 하는 기회를 주었다. 걸어가며 보이는 쓰레기를 치워가면서 마흔 이전에는 보이지 않던 자연의 고마움을 이제야 조심스럽게 깨닫는다. 지구를 위해 해줄 수 있는 건 가끔 길을 걷다 버려진 쓰레기를 줍는 일뿐이지만 이 일을 더 오래 더 자주 해보려 한다. 내가 원하는 것은 푸르른 자연을 우리 아이들도 오래 보기를 원하는 것이기에.

  오늘 아침 산책길에서도 거리에 버려진 쓰레기들을 하나하나 봉지에 담아왔다. 구구콘 아이스크림 껍질, 던킨 로고가 찍힌 투명 컵과 빨대, 바나나킥 봉지 등 익숙한 로고들의 쓰레기들이었다. 그 봉지에 담아오는 것들이 비록 아주 적은 양의 쓰레기일지라도 우리가 아이들에게 주고 싶은 자연의 아름다움을 조금 더 보여줄 수 있는 작은 도움이 되지 않을까 생각해 본다. 누가 알아주지 않아도, 함께 하지 않아도 내가 자연을 위해 할 수 있는 아주 작은 일. 쓰레기를 줍는 플로깅뿐.

* 플로깅 준비물 : 작은 변화를 위한 내 마음 + 쓰레기봉투 + 장갑 또는 집게

길을 걷는 사람은 혼자가 아니다. 걷다 보면 나무와 꽃 등 우리를 둘러싸고 있는 모든 살아 있는 것들에게서 호감을 얻기 때문이다.
········· 리프레테리크 그로, 「걷기, 두 발로 사유하는 철학」

2
세상을 향해 한 걸음 더

(김미연)

　큰딸이 대학생이 되고 가족여행 패턴이 달라졌다. 독일은 같은 주의 초, 중, 고 방학이 같다. 대학은 학기가 보통 4월과 10월에 시작해 고등학생인 작은딸과 휴가 일정을 맞추기가 어려워졌다. 큰딸의 여름 학기 개강을 며칠 앞두고 나와 단둘이 하이델베르크에 가기로 했다. 하이델베르크까지는 집에서 편도 3시간. 운전을 별로 좋아하지 않는 나는 왕복 6시간 운전을 망설이고 있는데 딸이 운전하겠다고 나섰다. 큰딸과 둘만의 여행 계획이었는데, 고등학교 재량 휴일로 작은딸도 함께했다. 코로나 전까지만 해도 여행을 계획하고 주도하는 사람은 나였다. 아이들은 내가 제안하는 대로 따라왔는데 이젠 전세가 바뀌었다. 큰딸이 운전하고, 주차장도 알아본다. 맛집 선정과 여행 경로를 전날 저녁에 브리핑해 준다. 패키지여행에 참여하는 느낌이다. 당일치기 소풍으로 스트레스 제로인 이런 여행도 좋다. 유럽은 국경을 넘어서 차로 다닐 수 있으니 장거리 여행은 천 킬로미터를 하루에 달리기도 한다. 장거리 여행을 하며 남편과 차에서 이야기하는 시간을 즐긴다. 이번엔 큰딸이 운전하니 옆 좌석은 작은딸에게 내주고 나는 뒷자리에 앉았다. 승용차 뒷좌석이 낯설다. 그래도 3시간 동안 아이들이 선곡해 주는 노래를 듣고, 가끔 대화에 참여하며 혼자만의 생각에 잠길 수 있는 이런 시간도 좋다. 뭐든 경험하지 않으면 알 수 없는 무엇인가가 있다. 엄마 팔순에 언니와 함께한 여자들만의 제주도 여행이 떠오르기도 했다. 어린 시절 묻어 놓았던 슬픈 기억이 떠올라 혼자 당황하기도 했다. 하이델베르크 성이 보이는 광장 지하 주차장에 주차했다. 독일의 봄은 3월 21일부터 시작이다. 공식적으로는 마지막 겨울날, 내가 사는 곳보다 남쪽이라 꽃들이 벌써 몽우리를 피웠다. 여기는 벌써 봄이다. 찾아간 맛집의 3월 수제 맥주도 맛있고, 지역 음식인 마울 타쉐(만두 비슷한 음식)도 식욕을 돋우었다. 수제 아이스크림 역시 기대했던 맛이었다. 하이델베르크 학생 감옥의 빼곡한 낙서는 그 시절의 시대상을 보는 듯했다. 다음은 여행의 하이라이트. 올드 브릿지를 걷고, 산등성이에 있는 철학자의 길을 찾아 올라갔다. 낮술로 마신 맥주와 디저트로 먹은 아이스크림의 포만감으로 산등성이를 올라가기가 힘겹다. 헬스장에 다니는 작은딸은 이미 저 멀리 가 있다. 엄마를 챙기는 건지, 휴식이 필요해서인지 큰딸은 나와 발걸음을 같이 했다.

독일에 정착한 이듬해. 큰딸이 유치원에 다닐 때였다. 독일 유치원은 아이들이 뭔가를 매일 만들고 그리며, 그것을 매일 엄마, 아빠 선물이라고 집으로 가져온다. 여름 방학을 마치고 유치원에 다시 등원한 날도 딸이 선물이라며 그림을 줬다. 독일에서 흔히 볼 수 있는 뾰족한 지붕 모양 집과 마당에서 자전거를 타고, 훌라후프를 돌리는 아이의 모습. 그리고 여름의 뜨거운 햇살이 도화지 오른쪽을 장식하고 있다. 집에서 놀던 일을 그렸나보다 생각했는데 딸이 말했다.

"여름 방학 때 뭐 했는지 그린 거야. 다른 친구들은 다 바다를 그렸는데 나만 집을 그렸어."

여름내 집에 있었으니 당연히 집을 그렸을 터였다. 나는 별생각이 없었는데 남편이 훗날 말하길, 그림을 보고 머리를 한 대 얻어맞은 듯한 충격을 느꼈다고 했다. 독일에 잘 살러 왔는데 여름내 가족을 집에만 묶어 놓았다면서. 독일 사람들은 여행에 진심이다. 세계 방방곡곡 안 가는 곳이 없다. 독일 날씨가 우중충해 맑고 따뜻한 날씨를 찾아 떠나게 된 여행이 이젠 일상이 된 듯하다. 방학마다 어디론가 떠난다.

여름 방학이 지나고, 유치원에서 그려 온 그림 이후 우리 집 방학 모습이 바뀌었다. 독일 사람들처럼 한 해 전에 여름 휴가지를 예약하지는 않지만, 그동안 익숙하지 않았던 여행을 시작했다. 스페인 사람보다 독일 사람이 더 많다는 스페인의 섬 마요르카로 떠난 일주일간의 겨울 여행. 팔마 시내를 버스로 구석구석 누비고, 해변을 걸었다. 대형 버스에 몸을 신고 단체 관광에 나서기도 했다. 일주일을 한 호텔에 머물며 섬 안에서 할 수 있는 활동을 열심히 했는데도 시간이 남아돌았다. 하루 종일 어디에 있는지 보이지도 않던 사람들이 식사 시간만 되면 호텔 레스토랑으로 모인다. "엄마, 저 사람들 또 먹고 있어." 아침에 보고 점심에 봤던 사람들이 저녁에도 같은 장소에서 먹고 있으니, 딸이 했던 말이다. 우리도 또 먹으러 가는 중이었다. 휴양 여행을 해본 일이 없어서 그냥 쉰다는 자체가 힘겨웠다. 일도 배워야 하지만 휴식도 배우고, 익숙해져야 함을 알게 된 시간이었다.

튀르키예 시데로 떠난 두 번째 겨울 휴양 여행은 좀 나아졌다. 낯선 거리를 걷고, 바닷가를 걸었다. 두꺼운 겨울 외투를 벗는 데까지 일주일이 걸렸다. 따뜻한 겉옷을 계속 입고 다니다가 돌아올 무렵이 되니 반팔도 춥지 않았다. 우리나라 옛 시장처럼 가격을 흥정할 수 있는 튀르키예이다. 작은딸 신발을 겨우 깎아서 5유로에 사서 나왔는데 같은 신발을 길가 좌판에서는 3유로에 팔고 있었다. 가격을 깎는다고 탐탁지 않아 하던 남편과 큰딸이 오히려 더 머쓱해졌다. TV에서나 볼 수 있었던 고대 유적지인 아폴로 신전과 원형 경기장이 시내 가까이에 있다. 세 시간 남짓 비행기를 타고 온 이곳은 다른 세상이었다. 풍성하게 차려진 음식을 먹고, 바닷가를 거닐고, 풀장에 누워 책을 읽었다. 그전에는 해보지 못했던 여행이었다. 그렇게 쉬고 나니 새로운 활력을 얻을 수 있었다. 경험을 통해 새로움을 알아가는 과정이었다.

굳이 멀리 가지 않아도 충분했다. 나에게는 주변 모두가 새로웠다. 라인강 변으로 자전거를 타고 소풍에 나서기도 했다. 너무 빨리 달리는 아빠 속도에 아이들은 불만을 토로하기도 했고, 때로는 아이들이 먼저 속력을 내며 멀리 달아나기도 했다. 일요일, 공휴일이면 레스토랑을 제외한 가게가 전부 문을 닫는 독일이다. 어차피 집에 있어야 할 휴일, 주말이면 인근 소도시 도장 깨기에 나섰다.

아이들이 너무 어릴 때 가본 곳은 자신의 경험을 사진으로만 인지하는 경우도 많다. 하지만, 그건 중요하지 않다. 어릴 때 보고 경험했던 일들은 그 안 어딘가에 저장되어 필요한 순간마다 힘을 발휘할 테니까. 새로운 길을 걷는 경험은 삶의 밀도를 높여 준다. 처음 가본 장소에 집중하고, 경이로운 마음으로 주변을 관찰하는 일. 때론 쉬어가도 괜찮다는 위로와 활력을 주기도 한다. 가끔은 아이들이 말한다. "엄마, 많은 곳에 데리고 다녀줘서 고마워요." 이젠 스스로 원하는 바를 찾아 나서겠지. 경험은 어떠한 방법으로든 삶에 영향을 준다. 그동안 쌓인 다양한 경험이 용기가 필요한 순간마다 한 걸음 더 앞으로 내딛는 힘이 되어줄 것이다. 내게도 아이들에게도.

거친 숨을 몰아쉬고 올라오니 탁 트인 하이델베르크 전경이 한눈에 들어온다. 네카어강에 걸쳐 있는 오래된 아치형 다리와 빨간 지붕 사이에 간간이 박혀 있는 검정 지붕들이 조화롭다. 초록의 자연은 올라올 때 힘들었던 시간을 순식간에 잊게 한다. 하이델베르크 철학자의 길을 딸들과 앞서거니 뒤서거니 하며 함께 걷는다. 탁 트인 전망에 꽤 길게 나 있는 길이다. 철학자들이 걸어서 철학자의 길이라 흔히 알려진 이 길은 대학생들이 걸었던 길이다. 하이델베르크 대학은 독일에서 가장 먼저 세워진 대학이기도 하다. 그 당시 대학에서는 모든 대학생이 철학 수업을 들어야 해서 철학자의 길이 되었다고 한다. 대학생 중에는 훗날 철학자가 된 사람도 당연히 많았으리라. 독일에 살면 우중충하고 축축한 날씨 때문에 철학자 아니면 정신병자가 되기 십상이라는 말을 우스갯소리로 한다. 오늘은 예외다. 햇살은 따스하기 그지없다. 노란 개나리와 분홍 벚꽃이 네카어강 건너편에 펼쳐진 건물의 조화로움에 질세라 생명력을 발산하고 있다.

낯선 곳을 찾아가고, 나만의 특별한 시선으로 관찰하기. 오늘도 세상을 향해 한 걸음 더 나아가기 위한 힘을 축적해 가는 중이다.

낯섦이 발생하는 예민한 상태의 관찰력을 갖지 못한다면, 이 세계는 여러분에게 아무것도 아닙니다. 그 낯섦을 붙잡고 계속 사유를 진입시키는 활동을 전개하면 자기가 대상과 교감하는 단계가 되고, 그 교감의 결과로 전혀 새로운 세계를 창조할 수 있습니다.

.... 최진석, 『인간이 그리는 무늬』

3
걷는 사람의 풍경

(김인혜)

눈부시게 파란 하늘을 올려다보다가 구름이 그리는 신기한 모양을 포착할 때, 저녁 서쪽 하늘이 주황빛 분홍빛으로 황홀하게 물들어 가는 것을 볼 때, 나뭇잎과 나뭇가지를 흔들던 바람이 내 곁을 스치고 지나갈 때, 나뭇잎 사이로 햇살이 부서지듯 반짝이는 모습을 볼 때, 계절의 흐름에 따라 피고 지는 꽃들과 마주칠 때. 산책 중 이런 풍경을 만나면 그날 하루 내게 허락된 선물을 다 받은 듯한 기분이 든다. 하지만 언제나 그랬던 것은 아니다.

보통 산책은 우리의 일상 반경 안에서 이루어지고, 특별히 멀리 가지 않는 이상 거의 매일 같은 길을 걷게 된다. 이국의 멋진 풍경이라도 길을 걷는 이가 무심하다면 그 풍경이 간직한 아름다움을 쉽게 지나쳐 버리고 말 텐데, 매일 걷는 산책길이라면 말할 것도 없다. 그러므로 익숙한 풍경 속을 걷는 산책자에겐 약간의 의지와 노력이 필요하다. 바로 모든 것을 향해 열린 마음과 어린아이 같은 호기심. 그리고 한껏 감동하고 경탄할 준비가 된 자세이다. 올봄엔 그런 마음을 더 의식적으로 가져보기로 했다. 온몸의 감각을 활짝 열고, 산책 중 자연이 내게 건네는 선물들을 놓치지 않으리라 마음먹었다.

  동네 천변을 따라 만들어진 산책길에는 언제나 사람들이 많다. 나도 종종 그 길을 걷는다. 벚나무가 줄지어 있어, 봄이 되면 사람도 강아지도 벚꽃도 모두 만발인 곳이다. 그래서 오랫동안 그 천변길엔 벚나무와 개나리만 있는 줄 알았다. 올봄에도 바람에 벚꽃잎이 흩날리는 장관에 눈을 못 떼면서도 너무도 짧게 느껴지는 찰나의 아름다움이 아쉬웠다. 그런데 벚꽃이 다 떨어지고 며칠 지난 어느 날, 같은 길을 걷던 중 벚나무 사이에 숨어 있던 낯선 꽃나무를 발견했다. 하얗게 피어있는 꽃들과 연한 핑크빛의 봉우리가 어찌나 여리여리 이쁘던지, 이토록 예쁜 봄꽃을 지금까지 모르고 지나쳤다는 사실에 적잖이 놀랐다. 사진을 찍어 챗지피티에게 물어보니, 친절히 야생 사과나무라고 알려주었다. 가을이 되면 태곳적부터 열매 맺어온 원시의 작은 사과들이 열린다고 했다. 그렇게 나는 호만천 산책길에서 네 그루의 야생 사과나무와 새로 친구가 되었다. 그런데 신기한 일은, 아마 개화 시기가 비슷하기 때문이겠지만, 내가 살고 있는 아파트에도 야생 사과나무가 있다는 사실을 바로 그다음 날 알게 되었다는 거다. 그것도 우리 동 근처에만 다섯 그루나! 작년 6월에 이사 왔으니 올해 봄이 되어서야 볼 수 있게 된 첫 풍경이었다. 며칠 후 사과나무꽃이 지고 난 뒤엔 또 다른 하얀 꽃이 천변 산책길에 피어있었다. 이번엔 산사나무꽃이었다. 작고 흰 산사나무꽃들은 동글동글하게 모여 피어난다. 아직 피지 않은 봉오리 끝은 살짝 노랗고, 활짝 피어난 하얀 꽃은 마치 아이들 웃음처럼 앙증맞고 귀엽다. 어린이날에 잘 어울리는 5월의 꽃이다. 조팝나무와 이팝나무도 4~5월에 하얀 꽃을 피운다. 제각기 분홍빛과 노란빛을 살짝씩 머금은 하얀 봄꽃들의 향연은 매년 봄이면 언제나 이렇게 계속되고 있었다. 봄 하면 오랫동안 벚나무만 떠올렸던, 그동안의 무심하고 무감각했던 나를 탓할 수밖에 없다.

계절과 시간의 변주로 우리의 산책길은 언제나 새롭다. 어제의 나와 오늘의 내가 다르듯, 모든 것은 미묘하고 은밀하게 변하고 있다. 우리는 걷기를 통해 세계와 세계의 변화를 온몸으로 감각할 수 있다. 누군가 보기엔 그저 천천히 걷는 것처럼 보여도, 걷는 이의 감각은 얼마나 바쁜지 모른다. 눈으로 보고, 귀로 듣고, 코로 냄새 맡고, 피부로 감지하며 세상을 향해 활짝 열려있다. 감각 중에서도 우리는 시각에 가장 많이 의존하지만, 정작 제대로 보는 일은 드물다. 사실 진짜로 본다는 건 보이는 것 너머의 것들까지 볼 줄 알아야 하는 것이기도 하다. 그러려면 깊이, 오래, 그리고 느리게 보아야 한다.

화가 폴 세잔은 자신이 살던 곳 근처의 생 빅투아르 산을 60여 점 넘게 그리고 또 그렸다. 자신 앞의 산이 드디어 새롭게 태어나고 피어오를 때까지. 눈앞의 흔한 풍경이, 나에게 의미를 지닌 풍경으로 피어날 때까지. '깊고 느리게 보기'에 딱 맞는 속도를 가진 것이 바로 '걷기'이다. 스쳐 지나가는 것들, 꼭꼭 숨어 있는 것들, 보이지 않는 것들을 나의 두 발과 함께 천천히 음미하고 발견해 간다. 폴 세잔이 산을 그렸던 방식처럼 우리는 똑같은 풍경을 걸으면서도 매일 새로움을 발견할 수 있고, 산책의 변주를 해낼 수 있다.

   걸으면서 도달한 장소는 특별한 기쁨으로 다가오기도 한다. 아니 걸어서 도착해야만 누릴 수 있는 기쁨도 있다. 올해 2월에 갔던 스페인 자유여행 중 그런 발견에 마음이 벅찼던 순간이 여러 번 있었다. 바르셀로나 근교 시체스에 갔을 때였다. 시체스는 시체스 영화제가 열리는 소도시이기도 하고, 예쁜 집 뽑기 대회가 열리는 마을이기도 하다. 내가 갔던 2월에는 그 대회 중이 아니라 좀 아쉬웠지만 아기자기 주인의 정성과 특색이 담긴 건물들을 충분히 볼 수 있었다. 그날 오전에 들렸던 몬세라트에서는 비가 올 듯 안개가 자욱하여 산중 수도원도 몬세라트 산새도 뚜렷이 보이지 않았었는데, 오후에 도착한 시체스는 날이 개어 점점 맑아지고 있었다. 우리는 시체스의 골목골목에 감탄하며 가이드를 따라 마냥 걸어가고 있었다. 그런데 저 좁은 골목 끝에서 무언가가 밝게 반짝이고 있었다. 상대적으로 어두웠던 골목길과 달리, 건물 사이 틈으로 무언가 파랗고 노랗게 빛나고 있었다. 그 빛나는 틈에 먼저 다다른 사람들 사이로 작은 탄성이 터졌다. 뭐지? 뭔데? 우리는 걸음을 재촉했다. 그리고 마주한 풍경. 반짝이는 햇살을 잔뜩 머금은 지중해 바다였다. 파란 하늘 아래, 햇빛에 눈부시게 부서지던 물결은 지금도 눈에 선하다. 스페인 동쪽 아래 땅끝에서 처음 만난 지중해는 퍽 감동이었다. 말로만 듣던 유럽의 그 지중해구나 싶기도 했고, 엄마와 나와 딸, 삼대 모녀가 함께 이 풍경 앞에 있다는 것이 왠지 믿기지 않는 현실 같았다. 탁 트인 바다를 바라보면서 천천히 걷고 있자니 따뜻한 햇볕에 몸도 마음도 기분 좋게 노곤해졌다. 나중에 엄마는 그날 시체스의 바다가 참 좋았다고 말씀하셨다. 시체스 마을의 골목골목과 바다를 거니는 동안 마음속 온갖 걱정거리와 근심이 다 사라지는 느낌이었다고. 그 후 스페인 남쪽으로 이동하며 지중해 해안가 마을에서 며칠 머무르기도 했지만, 우리에게 지중해는 시체스의 골목길 사이로 그 모습을 드러내었던, 파랗고 노랗게 빛나며 어서 내게 오라고 손짓하던 미지의 첫 물결로 남아 있다.

스페인 세비야에 갔을 때도 인상적인 일이 있었다. 세비야라는 도시를 무척 사랑한다는 건축가 겸 가이드의 안내를 받아 세비야 거리를 야경 투어 중이었다. 골목길을 같이 걷고 있었는데 가이드가 잠시 멈춰서더니 흥미로운 말을 했다. 유럽이나 스페인에는 아주 웅장하고 경이로운 성당 등의 건축물이 많지만, 때로는 그 건축물을 인간이 감당하기 힘들 때가 있다는 것이다. 만든 건 인간이지만 그것들은 신을 위해서, 신의 스케일로 지어졌기 때문이라고 했다. 그러면서 지금부터 이 골목길을 걸어가면 첨탑이 하나 있을 텐데, 그 모습은 인간의 눈높이, 인간의 스케일에 딱 맞게 보일 거라고 했다. 가이드의 말에 기대와 호기심을 잔뜩 품고 구부러진 골목길을 사람들을 헤치며 걸어갔다. 조금씩 길과 나의 방향이 일직선이 되며 그 첨탑, 바로 히랄다탑이 서서히 모습을 드러내기 시작했다. 저 앞에, 인간만이 걸어갈 수 있는 좁은 골목길 사이로, 걷고 있는 인간의 눈으로만 볼 수 있는 모습의 히랄다탑이 홀로 조명을 받아 노랗게 빛나고 있었다.

걸으면서 만나는 풍경은 다르다. 잘 찍은 여행 엽서와도 다르고, 드론이 담아내는 장대한 전경과도 다르다. 몸을 움직이고 감각을 열어 직접 만난 세계는 생생하다. 그리고 나만의 것이다. 나와 세계의 유일무이한 소통과 연결, 그 기쁨을 걷기를 통해 얻을 수 있다. 우리는 그저 감동과 경탄을 마음에 장착한 채 인간의 스케일에 딱 맞게 걷기만 하면 되는 것이다.

경이는 언제나 아름다운 것이다. 아니, 경이로운 어떤 것도 아름답다. 사실은 경이로운 것만이 아름답다.

·········· 앙드레 브르통, 나희덕 「한 걸음씩 걸어서 거기 도착하려네」에서 재인용

4
벚꽃은 산책을 부르고

(김태영)

　아이들이 등교하자마자 모자랑 물통을 챙겨 집을 나섰다. 겨우내 집에서만 보내는 날이 많아서 그런지 체중이 늘고 피곤함을 느끼는 날이 부쩍 많아졌다. 추위를 많이 타는 탓에 추운 날에는 나가기도 싫고 겨울잠을 자는 곰처럼 이불 속에 누워만 있고 싶다. 오랜만에 체중을 재고 깜짝 놀랐다. 이십여 년 동안 일정했던 내 몸무게가 갑자기 훅 불어나 있는 거다. 특별히 많이 먹지도 않은 것 같은데 이게 나잇살이라는 걸까? 그러나 내 의심을 단박에 깨뜨려준 동년배 지인이 있었으니, 그녀는 최근 어마어마한 체중 감량에 성공했다. 그 친구의 비결은 매일매일 빠지지 않고 게내수변공원을 달린 것이라고 했다. 매일? 러닝을? 그 끈기와 노력이 참 대단하다 감탄하면서 까짓거 '나도' 한번 해보자고 결심했다. 집에서 십여 분만 걸으면 작은 개울을 따라 산책로가 조성된 공원이 있다. 아이들이 어릴 때 가끔 가족들과 가서 자전거를 타곤 했었지만, 산책하러

나가본 적은 없었다. 자전거 도로와 산책로가 분리되어 있어서 제법 운동하기에 괜찮겠다는 생각이 들었다. 이른 시각이라 공원에 사람이 없으면 무섭지 않을까 걱정이 되었지만, 용기를 내어 집을 나섰다.

공원에 다다르니 이미 내 앞으로 두 사람이 운동복 차림으로 공원 안으로 내려가는 게 보인다. 생각보다 많은 사람이 산책하러 모여드는 모습에 안도하며 계단을 따라 공원으로 내려갔는데 세상에! 이곳은 아파트와 건물이 빽빽한 위쪽과는 완전히 다른 세상이었다. 수변을 따라 핑크빛 벚꽃이 하늘거리고 벚나무 뒤 담벼락에는 아직 지지 않은 개나리꽃이 노오란 꽃잎을 수북이 늘어뜨리고 있다. 아파트 단지 안은 칼바람이 불어서 그런지 아직 꽃 한 송이 보이지 않는 삭막한 겨울 풍경인데 이곳은 이미 황홀한 꽃 잔치가 벌어졌다. 아직 벚꽃이 만개하지는 않았지만 아마도 며칠 내에 절정에 이르겠구나 싶었다. 겨울이 싫은 이유는 물론 추운 날씨 때문이지만 그 못지않게 앙상하게 가지만 남은 황량한 풍경이 보기 싫기 때문이기도 하다. 그래서 메마른 가지에 선명하게 색을 입혀주는 연둣빛 잎사귀들이 더욱 반갑고 사랑스럽다. 죽었는지 살았는지 생명력 없어 보이던 나무들이 여린 새싹을 터뜨리며 마치 나 아직 살아있노라고 외치고 있는 것만 같았다. 작은 잎들은 하루가 다르게 쑥쑥 올라와서 금세 온 세상을 초록으로 물들이겠지. 초록이 무성한 싱그러운 계절도 좋아하지만, 여리고 사랑스러운 연둣빛을 더 사랑한다. 연신 오늘 산책을 나오길 정말 다행이라고 가슴을 쓸어내렸다. 오늘 나오지 않았다면 이 계절, 찰나의 설렘을 놓칠 뻔했다.

   마지막으로 벚꽃 구경을 한 것이 언제인가 생각해 보니 몇 년 전 코로나19로 한참 민감하던 시기였다. 남편이 회사 사람과 식사했다가 코로나에 걸려서 가족들은 꼼짝없이 집에서 2주간 자가격리를 하게 되었다. 처음에는 학교에 안 간다고 좋아하던 아들은 며칠이 지나자 거실 창에 얼굴을 딱 붙이고 시무룩한 표정으로 놀이터를 내려다봤다. 한참 뛰어놀기 좋아할 나이에 오죽이나 답답할까. 캠핑 의자 두 개만 놓아도 꽉 차는 아들 방 테라스에 의자를 내놓고 둘이 나가 앉았다. 그나마 이 테라스가 있어서 다행이라고. 바깥에 나온 것 같아 숨통이 트인다며 하늘도 보고 바깥 공기도 마시며 한참을 앉아 있었다. 2주의 시간이 흐르고 격리 해제 검사를 받으러 차를 끌고 나섰을 때, 가로수에서 흩날리던 벚꽃을 보았다. 얼마나 아름답던지. 그날 느꼈던 감동을 지금도 잊지 못한다. 지난 2주간의 답답함과 스트레스가 한 방에 날아가는 기분이었다. 유현준 교수는 『공간의 미래』에서 사적인 외부공간의 필요성을 역설했다. 차려입고 엘리베이터를 타고 내려가야 볼 수 있는 아파트 조경 말고 옷도 대충 입고 세수 안 하고도 나가서 뚫린 하늘을 보고 자연을 만날 수 있는 공간이 필요하다는 내용이다. 저자는 그 대안으로 '마당 같은 발코니가 있는 아파트'를 제시했는데 코로나의 악몽을 떠올리면 나 역시 그 의견에 백 번 공감한다.

나는 주택과 건물이 빽빽한 동네에서 나고 자랐다. 내가 계절의 변화를 느낄 수 있었던 것은 은행나무 같은 가로수와 아파트 화단에 심어진 나무 몇 그루가 전부였고 자연이란 어딘가 멀리 떠나야만 만날 수 있는 대상이었다. 그랬던 내가 30대 중반에 유학 가는 남편을 따라나선 미국에서 '자연 속에서 사는 맛'을 제대로 알아버렸다. 우리 집은 나무로 지어진 3층짜리 오래된 아파트였다. 엘리베이터가 없어서 외출하려면 아기띠로 돌쟁이 아기를 안고 낑낑거리며 유모차를 들고 계단을 내려가야 했지만 주변은 온통 잔디밭과 나무로 둘러싸여 말 그대로 숲속의 집 같았다. 남편이 학교에 가고 나면 한 번씩 딸을 유모차에 태워서 설렁설렁 아파트 단지 안을 걸어 다녔다. 30분을 걸으면 겨우 아파트 관리실에 닿을 만큼 대지가 너무 넓어서 차 없이는 아파트 밖으로 나갈 엄두를 내지 못했다. 산책하는 동안 딸은 바깥세상을 구경하느라 정신이 없어서 고맙게도 나에게 뭔가를 요구하거나 힘들게 보채지 않았다. 딸아이는 잔디밭에서 뛰어놀다가 뭔가 신기한 것을 발견하면 손가락으로 가리키며 "어! 어!"했다. 호수 주변에 거위들이 떼 지어 앉아서 쉬다가 꾸룩꾸룩 큰 소리를 내면서 다 같이 날아갔다. 가끔은 집 앞에 풀을 뜯으러 온 사슴과 눈이 마주치기도 했다. 사슴을 발견하면 재빨리 걸음을 멈추고 숨을 죽인다. 인기척이 느껴지면 순식간에 어디론가 도망가 버리기 때문이다. 주변에 고층 빌딩이 없어서 해질 무렵에는 서쪽 창으로 붉은색 노을이 집안 깊숙이 비쳐 들어왔다. 아파트 이름이 꽤 낭만적이었다. Whispering Hills Apartments. 여름밤에 누워서 이름처럼 풀벌레가 속삭이는 소리를 들으면서 남편에게 "우리 지금 리조트에 와있는 것 같아." 얘기하곤 했었다. 하루 종일 육아에 지쳤던 마음도 풀벌레 소리와 함께 스르르 사그라들었다.

   자연을 즐길 줄 알게 된 나는 더 이상 삭막한 곳에서 살기 싫어졌고, 녹지가 많은 이 동네로 이사를 왔다. 수변공원은 어느새 더 많은 사람이 익숙한 듯 가벼운 옷차림을 하고 걷거나 조깅하고 있다. 추울까 봐 두툼한 점퍼를 입고 온 게 머쓱하게 느껴져서 슬그머니 점퍼를 벗어서 허리에 동여맸다. 나만 봄이 온 줄 모르고 있다가 뒤늦게 겨울잠에서 깨어난 곰이 된 느낌이다. 아무도 없어서 무서우면 어쩌나 걱정했던 걸 생각하니 피식 웃음이 나왔다. 운동을 하려던 처음 목적은 어느새 사라지고 공원을 걷는 내내 봄 풍경을 감상하는데 푹 빠져 있었다. 귀에 이어폰을 꽂고 땀을 흘리며 달리는 사람도 지나가고 삼삼오오 친구와 산책을 나온 사람들도 있다. 이들을 밖으로 끌어낸 힘이 무얼까? 산책하는 사람들과 함께 내가 자연 속의 일부가 된 것 같은 느낌이 들었다. 팔과 다리를 움직이는 사이에 몸이 깨어나고, 눈도 귀도 함께 민감하게 자극받는다. 내가 살아있다는 감각이 온몸으로 전해진다. 어릴 때는 부모님이 왜 철마다 놀이공원도 아닌 산으로 꽃놀이, 단풍놀이를 가시는지 이해할 수 없었는데 이제는 나도 계절마다 변하는 나무를 보며 감동하는 나이가 되었다. 나무는 계절에 따라, 날씨에 따라 시시각각 다른 얼굴을 보여준다. 매일 같은 길을 걸어도 지루하지 않은 이유다. 지금은 수고롭게 꽃놀이를 가지 않아도 집 가까이에서 벚꽃의 설렘을 느낄 수 있으니 얼마나 감사한지. 어느새 마음속에 감사함과 행복감이 가득 차오른다. 내일은 또 얼마나 많은 꽃이 피었을지 기대가 된다.

사람도 생명체인지라 날씨의 변화, 온도와 습도, 햇빛과 바람을 몸으로 맞는 일은 중요하다. 이를 통해 살아있다는 실감을 얻고, 내 몸을 더 아끼게 된다. 봄과 가을의 햇빛이 다르고 여름과 겨울의 나무에서 각기 다른 냄새가 난다는 사실을 안다는 것은 이 지구에 발 딛고 사는 즐거움이다.

·········· 하정우, 「걷는 사람, 하정우」

5
제주, 한달살이

(나윤영)

　일상에 치이다 보면 사람들을 벗어나고 싶은 순간들이 있다. 혼자 온라인 판매 사업을 하며 전화로 불특정한 다수를 상대하다 보니 이해하기 힘든 범주의 사람들이 있었다. "배송이 왜 이리 늦는 거예요? 내가 죽으면 책임을 질 거냐고?" "고객님, 저는 배송업체가 아니에요. 저희는 이미 물건을 보냈어요. 조금만 기다려주세요." "난 모르겠고 아파서 못 기다리니까, 얼른 갖다 달라고." 이 사람은 얼마나 우리 건강식품을 신뢰하면 이럴 수 있을까. 웬만하면 다 맞춰 주는 편이었지만 간혹 고객은 해결할 수 없는 것을 요구하는 경우가 있었다. 말도 안 되는 상황이더라도 참아야 했기에 화를 낼 수도 없었다. 더 심각한 일도 있었다. "내가 이거 조사해 봤는데 이상한 게 들어있어요." "아니에요. 고객님. 그럴 리가 없어요. 다 테스트를 마친 안전한 식품입니다." 설명해도 자신은 연구원이라며 뉴스에 알리겠다고 했다. 며칠 동안 협박조로 말했던 사람은 자신이 실

수로 잘못 안 거 같다며 다시 보니 이상이 없다고 했다. 온통 신경이 쓰여 며칠간 밤잠을 이루지 못했지만, 고객이라는 이유로 참을 수밖에 없었다. 화를 내면 내 손해인 것을 너무나 잘 알고 있었다. 힘든 마음을 들어주는 유일한 사람은 남편이었다. "정말 너무 힘들다." 힘든 것도 말하다 보면 전염이 되는 듯하다.

우리는 어디로든 떠나야만 했다. 남편은 힘들 때면 떠나자고 말했다. "어디든 상관없어. 바다나 산이 보이는 곳으로 가면 좋겠어."라고. 수평선의 푸른 바다, 특별한 제주의 하늘과 숲을 생각만 해도 평온함이 찾아오는 것 같았다. 그렇게 우리 가족은 세상의 스위치를 잠시 끄고 제주 한 달 살기를 결심했다. 장장 한 달이었기에 키우던 고양이 한 마리와 함께 차를 싣고 큰 배로 떠났다. 아이들은 마냥 즐거워했다. 우리는 네 식구임에도 불구하고 경비를 아끼기 위해 작은 싱크대가 딸린 원룸을 빌렸다. 네 식구가 밥을 먹는 곳은 좁은 베란다였다. 막힘없이 펼쳐진 울창한 제주의 숲과 연결된 푸른 하늘을 보다 보니 좁은지 몰랐다. 보는 것은 이렇게 중요하구나. 그렇게 탁 트인 곳에서 매일 밥을 먹으니 참치 통조림 하나, 고추장 하나를 놓고 먹어도 행복했다. 부족한 식사도 소풍 가서 먹는 도시락같이 느껴졌다. 솔솔 부는 제주의 바람을 맞으며 햇살은 따스하니 힘든 순간도 날아간 듯했다.

4월 제주의 날씨는 걷기 딱 좋았다. 관광지를 찍고 구경하는 그런 관광이 아니라 한 달 동안만큼은 제주도민처럼 지내고 싶었다. "제주에는 사람들이 잘 모르는 멋진 오름들도 되게 많대." 제주 한달살이 동안 숨어 있는 오름들을 찾아 걸어볼 심산이었다.

어느 날 동네 주민분께 추천받아 잘 알려지지 않은 오름을 넷이 올라갔다. 볼거리도 없고 사람도 없는 그런 오름이라 아이들에게 너무 심심하게 느껴지지 않을까 생각했는데 기우였다. 걷기도 뛰기도 하고, 손을 잡아끌기도 하며 깔깔거린다. 무엇 하나 놀거리가 없어도 아이들은 나뭇가지와 돌로 금세 자신만의 장난감을 만들어낸다. 자연 스스로가 훌륭한 놀이의 도구가 된다. 길조차 다듬어지지 않은 오름은 더욱 신비한 자연을 느낄 수 있다.

넷이 줄 서서 숲길을 걷기만 하는데도 계속 부른다. "엄마 이것 봐봐. 이거 봐. 신기하지!" 길을 걸으며 마주한 버섯도, 고사리도, 꽃도 아이들에게는 신기하게 보이나 보다. 최대한 반응해 주며 나는 오직 땅을 밟고 걷는 것에 집중했다. 사람들이 없이 초록빛의 생기가 가득하고, 햇빛이 스며드는 공간을 걷고 있다는 사실만으로도 위안이 되었다. 가끔 풀들이 생생하게 살아있어 길이 보이지 않을 때는 우리가 밟으며 길을 만들었다. 사람들이 별로 찾지 않아도 내가 가는 길이 곧 길이 된다는 말을 아이들에게 해주며 헤쳐 나가다 보면 마치 도전적인 사람이 된 듯 느껴지고, 용기가 샘솟는다. 그렇게 길을 만들어 내려오다 보면 금세 어둑어둑해졌다. 가로등도 없는 탓에 울퉁불퉁한 길을 걷다 보면 모든 게 아슬아슬했다. 길은 조금 무서웠지만 한편으로는 우리만의 추억이 생긴 것 같아 재미있었다.

제주에서 가족들이 자연을 즐길 때 가끔은 혼자 카페를 찾아 일을 했다. 바닷가에서 남편과 아이들이 놀고 있는 모습을 보며 노트북을 켰다. 기존에 하는 업무에 더하여 다소 부담스러운 일을 하는 중이었는데 창 너머로 아이들의 신이 난 모습을 보니 일을 하는 것 같이 느껴지지 않았다. 좋은 날씨에 반짝이는 바다와 사랑하는 가족을 바라보는 것만으로도 참 좋았다.

높은 건물 하나 보이지 않는 평지와 구불구불 휘어진 바닷길. 주위를 둘러보면 바다에서 들려오는 파도 소리와 수평선이 주는 편안함이 좋았다. 도통 걷지 않던 나도 제주에서는 자연스럽게 걷고 싶어졌다. 우리는 아침에 산책을 자주 했다. 주변에 갈대가 풍성했고 멀리서 풍차가 늘 돌아가고 있었다. 분명 그저 평범한 시골길인데 머물던 집 근처를 거닐다 보면 이곳이 제주라는 곳이 실감이 났다. 고양이가 늘어지게 낮잠을 자고 몸을 타고 지나가는 바람은 시원했다. 제주 오기 전 살던 집은 워낙 사람들과 가게가 많은 번화가이다 보니 나가면 공기도 탁하고, 시끄러웠다. 집 근처에 보이는 것은 그저 바쁘게 걷는 사람들이었다.

자연 속을 산책한다는 것은 사람들과 잠시 떨어지는 게 아닐까. 오직 자연과 교감하기 위해. "저 지난번에 화내서 죄송해요. 제가 너무 몸이 안 좋아서 그랬어요." 배송이 늦게 온다며 화를 냈던 고객이 잘 받았다며 사과했다. 나는 그러실 수 있다고 괜찮다고 얼른 나으시라는 말과 함께 마음에 여유가 생겼음을 느꼈다. 억지로 애쓰지 않아도 친절한 마음이 들었다. 아침 산책을 하면서 부담감을 조금씩 덜어내고, 여유가 생겼다. 자연으로 회복하며 그렇게 살아간다. 힘든 순간, 느긋하게 길을 걸으며 꽃과 나무를 보는 것만으로도 크게 보였던 문제들은 넘길 수 있다. 우리는 아직도 제주로 이사 가고 싶다고 말한다. 동네를 산책하며 보았던 가족만의 추억이 있어서일까? 바다와 오름 그리고 가족들의 웃음이 그리워서.

여행을 통해 어떤 곳에 머문다는 건, 시간을 보내고 마음을 기울여 그곳의 자연이나 사람들과 이어지는 일이다.

········· 김남희, 『일단 떠나는 수밖에』

6
저스트 원 텐미닛

(남보라)

"니가 여기로 내려오면 안 되겠나?"

어머니의 한마디에 나는 조금의 고민도 없이 당장 그러겠다고 대답했다. 하지만 막상 짐을 싸서 내려가는 날이 되자 걱정이 되기 시작했다. 답답해서 뛰쳐나갔던 고향 집으로 다시 돌아갔을 때, 내가 잘 살아낼 수 있을까에 대한 두려움이 앞섰다.

결론부터 말하자면, 현재까지는 순조롭다. "밀양 생활은 어때? 적응은 좀 됐어?"라는 주변 사람들의 질문에 "걱정을 많이 했는데 생각보다 적응을 너무 잘하고 있어요."라고 자신 있게 대답할 정도다. 이렇게 될 수 있었던 것은 매일 아침저녁으로 하는 산책의 힘이 컸다.

집을 떠난 게 20살이니 벌써 18년, 아팠을 때 집에 와서 요양했던 기간을 빼도 17년이나 부모님과 떨어져 살았다. 그동안 나는 하고 싶으면 하고 먹고 싶으면 먹는 매우 자유로운 영혼으로 존재했다. 그러나 이곳에서는 달랐다. 어머니를 도와 삼시 세끼 준비하고 낮 동안에는 쌓여있는 업무들을 처리한다. 저녁에는 가족회의를 하고 그동안 서로 못다 한 이야기들을 나눈다. 그러다 보면 시계는 어느새 9시를 가리키고 있었다. 어느 하나 내 멋대로 할 수 있는 시간과 자유가 없었다. 그러니 이 생활이 처음부터 쉬웠을 리 없다. 내려온 지 이제 겨우 한 달인데 벌써 점점 지쳐 가는 기분이었다. 그때였다. 어머니가 산책을 권했다.

"집에만 있지 말고 산책이라도 좀 하는 게 어때?"

남편과 집 앞 둑길을 천천히 걸어보기로 했다. 중고등학교 시절 줄기차게 걸었던 길이었지만 오랜만에 걸으니 또 다른 느낌이었다. 고개를 들어보니 구름과 지고 있는 석양이 만나 신비로운 주황빛으로 하늘을 물들이고 있었다. 게다가 적당히 시원한 바람이 불어 기분마저 맑아지는 느낌이었다. 서울이나 경기도에서 지낼 때는 고개를 들어 하늘을 바라보는 일이 많지 않았다. 높이 늘어선 빌딩들 때문이기도 했지만, 그보다는 삶에 지쳐 그럴 여유가 없던 게 더 컸다. 설상가상 마지막으로 이사했던 곳은 아직 개발이 다 되기 전이라 집 앞이 온통 공사장으로 공기마저 탁했고, 산책할 수 있는 곳도 마땅치 않았다. 그렇게 생각하니 나를 둘러싼 이 광활한 자연이 그저 고맙게만 느껴졌다. 봄을 맞이한 둑엔 여기저기 예쁜 꽃들이 돋아나고 있었고 그 위를 벌과 나비들이 날고 있었다. 현실은 막막했지만, 봄날의 기분 좋은 산책 덕분에 숨통이 트이고 마음도 정화되었다. 처음에는 아침 산책을 피하고 싶어 비가 오길 간절히 바라기도 했는데, 지금은 다르다. 제발 오늘 하루도 맑기를, 그래서 행복하게 아침을 맞이할 수 있기를 바라고 있다.

하루는 업무 처리상 세무사 사무실과 연락을 주고받아야 했다. 상황도 나름 잘 설명했고 요청한 대로 이 업체 저 업체에 연락을 돌리며 필요하다는 자료도 전달했다. 잘 마무리 지었다고 생각하며 저녁을 먹고 산책 후 집으로 돌아오는 중이었다. 또다시 문자가 왔다. 도돌이표와도 같은 내용이었다. 이미 보낸 자료에 대해 다시 한번 확인해달라는. 내가 보낸 자료가 그렇게 미덥지 않나 싶어 밀려오는 화를 억누르며 전화를 걸었다. 그럼에도 담당자는 해결법을 알지 못했고, 그녀의 상사인 세무사와 또 한 번의 기나긴 통화를 해야 했다. 마침내 일단락된 후 전화를 끊고 나자, 얼굴이 달아오르기 시작했다. 화가 들끓었다. 그러나 달리 해소할 방법이 없어서였을까. 이상하게 그 화는 쉽게 가라앉지 않아 다음날까지 이어졌다. 결국, 아침을 먹고 침대에 그대로 드러누워 버렸다. 남편이 옆에서 기분을 풀어주기 위해 노력했지만, 그 어떤 말도 들리지 않았다. 그때 어머니가 불렀다.

"보라야! 밖에 함박꽃 핀 거 봤나?"

"함…. 뭐요? 함바? 함박?"

무기력하고 힘들었지만, 어머니를 따라 뒷마당으로 나섰다. 그러자 분명 이틀 전까지만 해도 보지 못했던 내 얼굴만 한 큰 꽃들이 활짝 피어있었다. 함박꽃을 필두로 어머니는 뒷마당을 한 바퀴 빙 둘러보시며 새로 핀 예쁜 꽃들을 하나하나 설명해 주셨다.

"이건 '서양 채송화', 그리고 이건 '백리향'. 손으로 훑어봐. 허브라서 향기가 좋아. 창포물에 멱 감는다는 말 들어봤제? 저거는 그 '창포'다!"

어느새 내 얼굴도 활짝 피었다. 남편의 그 어떤 위로에도 가시지 않던 화가 뒷마당에서의 짧은 산책으로 해결되었다. 겨우 10분 남짓이었다. 기질상 워낙 예민하고 스트레스를 많이 받는 성격이라 그 마음을 해소하기까지는 항상 긴 시간이 필요했다. 울고불고 떼쓰고 자극적인 음식으로 몇 끼는 먹어줘야 겨우 가라앉던 마음이 이곳에서는 딱 10분만 주어지니 금방 풀렸다. '이게 바로 자연의 힘인가?'라는 생각을 매일 하게 되는 요즘이다. 그러니 마음에 여유가 없어졌다 싶으면 또다시 마당으로 나가 천천히 한 바퀴를 돌아본다. 푸릇푸릇한 잔디와 활짝 핀 꽃들이 내게 위로의 말을 걸어오는 듯하다.

나뿐만 아니라 이곳에 남은 어머니, 남편, 동생 내외까지 우리 모두 자연 속에서 힘을 내고 있다. 어머니가 요즘 자주 하는 말이 있다.

"이렇게 날씨가 좋은데 집 안에만 있으면 얼마나 아까운지 아나?"

딱 10분만 걸어봐도 곧 고개를 끄덕일 수밖에 없다. 따뜻한 햇살과 시원한 바람에 한껏 기분이 좋아진다. 초봄에는 유채꽃이 들풀처럼 여기저기 피고, 유채꽃이 질 때쯤엔 금계국이 여기저기 돋아나기 시작했다. 그뿐 아니라 빨간 장미꽃들과 모를 때는 보이지도 않던 함박꽃들도 여기저기 피었다. 산딸기며 오디며 열매도 잔뜩 열렸다. 어머니는 무심히 똑똑 한주먹 따서 내 손 위에 올려주셨다.

"하나씩 먹지 말고 한입에 다 넣어야 맛있다. 집에서 키운 거랑 이런 야생은 맛도 다르데이."

오물오물 산딸기의 상큼함을 머금고 향긋한 풀과 꽃내음을 맡으며 또다시 앞으로 나아간다. 이런 소소한 재미 덕분에 웃으며 하루하루를 마무리할 수 있는 요즘이다. 격동의 봄. 이 아름다운 계절을 온몸으로 느끼는데 산책만큼 좋은 것이 또 있을까. 오늘은 또 어떤 풍경을 볼 수 있을까. 한껏 기대로 가득 찬 걸음을 내디뎌본다.

나는 숲으로 들어갔다. 삶을 깊이 있게 살기 위해.

········· 헨리 데이비드 소로, 「월든」

7
삶은 흔들림 속에서 아름답다

(유하나)

　요즘 봄바람이 자주 분다. 창문을 열면 커튼이 잔잔한 물결처럼 흔들거리고 산책길에선 나뭇잎과 풀잎들이 끊임없이 몸을 실어 출렁인다. 나는 바람 부는 날을 유난히 좋아한다. 길가에 서 있는 가느다란 풀잎들이 바람에 따라 기울었다가도 곧 다시 제자리를 찾는 모습을 보고 있으면 나도 모르게 발걸음을 멈추게 된다. 어쩌면 나도 저 풀잎들 사이에 껴 있는 것 같은 기분이 들 때가 있다. 자꾸만 흔들리지만, 완전히 쓰러지지 않는 것. 한참을 휘청이다가도 다시 중심을 잡고 서 있는 작고 단단한 생명력. 누군가의 발에 밟히면서도 다음 날이면 다시 고개를 드는 모습이 왠지 내 지난 시간과 닮아있었다. 흔들릴 때마다 강해져야 한다고 생각했다. 하지만 지금 돌아보면 내가 버텨온 힘은 단단함이 아니라 유연함이었는지도 모른다. 꺾이지 않으려 버티는 대신 흔들리는 것을 받아들이며 나를 지켜낸 시간. 그 흐름 속에서 무너지지 않고 살아남을 수 있었다. 그렇게 나를 살게 했던 봄날이 있다. 그해의 봄은 내 인생에서 가장 힘든 시기와 겹쳐 있었다.

    결혼 생활은 갈등의 반복이었고 불행한 어린 시절의 상처들은 끝없이 되살아났다. 깨어 있는 시간이 견디기 어려웠다. 절망 속에서도 나를 살려낼 작은 희망의 불씨를 찾고 있었다. 그 불씨가 무엇인지 정확히 알지 못한 채 한 가지를 선택했다. 바로 공부였다. 살고 싶다는 마음 하나로 대학원에 진학했다. 영어영문학과 1학기 첫 수업이 있었던 3월의 어느 날, 자동차를 몰고 학교로 향했다. 창문을 열고 달렸는데 바람이 얼굴에 닿는 감촉이 따뜻하고 싱그러웠다. 바람은 단지 공기만을 실은 게 아니었다. 봄의 향기와 잊고 있던 생명력이 그 안에 실려 있었다. 가로수 아래로 어린잎들이 고개를 내밀고 있었고 햇빛은 맑았고 하늘은 높고 푸르렀다. 풍경을 바라보며 운전대를 잡고 있는데, 갑자기 마음이 벅차올랐다. 설렘이라고 하기엔 슬펐고 눈물이 날 정도로 반가웠지만 마음이 아팠다. 그날 깨달았다. 내가 아직 살아 있다는 것을. 살고 싶다는 마음이 내 안에 여전히 살아 숨 쉬고 있다는 것을. 공부는 삶에 열정을 이어주는 다리가 되었다. 문학은 내 삶의 비극을 말해주는 거울이었고 철학은 나 자신을 이해할 수 있도록 해주는 언어였다. 책 속 인물들이 앓던 고통 속에서 내 감정을 마주했고 다시 꿈꾸기 시작했다.

수업을 듣고, 글을 읽고, 발표를 준비하는 단순한 일상들이 다시 움직이게 했다. 아침에 도서관에 도착해 책을 꺼내고, 하이라이터로 밑줄을 긋고 틈틈이 메모하는 고요한 시간이 나를 일으켜 세웠다. 아무도 채찍질하지 않았지만 나는 스스로를 밀어붙였다. 존경하는 교수님께 인정받는 것도 즐거운 일이었지만 나를 포기하지 않기 위해서였다. 그 시기에 헤밍웨이의 『노인과 바다』를 읽었다. 학창 시절 숙제로 읽었던 책이었지만 그때는 잘 이해하지 못했던 이야기가 전혀 다른 책처럼 다가왔다. 주인공 노인 산티아고는 오랜 세월을 바다에서 살아온 어부다. 무려 84일 동안이나 한 마리의 물고기도 잡지 못한 그는 마을 아이들에게조차 운 없는 노인으로 불린다. 노인은 새벽이 되면 다시 바다로 나간다. 작은 배에 몸을 싣고 혼자서 노를 저어 푸른 수평선을 향해 나아간다. 물고기가 잡히지 않더라도 몸이 점점 더 쇠약해지더라도 그가 할 수 있는 일은 오직 그것뿐이었다. 바다로 나가는 일.

  소설의 가장 인상적인 장면은 그가 거대한 청새치와 맞서 싸우는 장면이다. 마침내 낚싯줄에 걸린 어마어마한 물고기를 산티아고는 혼자서 사투 끝에 낚아 올린다. 물고기의 몸집은 그의 배보다 더 크고, 싸움은 날이 저물도록 계속된다. 노인은 이렇게 말한다. "나는 이제 고기를 잡기 위해 태어났다고 생각한다. 다른 모든 것은 그만두고 오로지 그 생각만 해야 해." 그는 오직 지금 해야 할 일에만 집중했다. 이유를 따지지 않았고 앞으로의 결과를 계산하지도 않았다. 자신에게 주어진 일에 온몸을 내맡기며 묵묵히 버텼다. 나는 이 장면에 감동했다. 수많은 실패와 좌절 속에서도 다시 노를 젓는 그의 모습에서 묵직한 힘을 느꼈다. 그냥 하는 것. 아무도 알아주지 않아도 결과가 보장되지 않아도 자신의 자리를 묵묵히 지키고 평범한 일들을 매일 반복해 내는 힘. 그건 나에게 필요한 태도였다.

  나는 늘 삶에 이유를 요구했다. 왜 살아야 하지. 왜 이 관계를 견뎌야 하지. 왜 나만 이렇게 힘든 거지. 삶의 고단함 앞에서 질문이 끝도 없이 쏟아졌고 답을 찾지 못하면 쉽게 무너졌다. 하지만 노인은 묻지 않았다. 자신의 고된 삶을 누구 탓으로도 돌리지 않았고 매번 실패로 돌아가는 물고기잡이에도 이유를 따지지 않았다. 그는 단지 바다로 나갔다. 나도 그렇게 살고 싶었다. 누구의 동의를 구하지 않고 내 걸음으로 묵묵히 걸어가고 싶었다. 큰 용기가 필요했다. 불확실하고 무의미해 보이는 순간들 속에서도 나를 버리지 않는 것. 하루를 살아내는 것. 그것이 진정 삶을 존중하는 태도다. 풀잎이 바람에 흔들리고도 쓰러지지 않듯 노인은 인생의 바람에 휘청이면서도 쓰러지지 않았다. 문학은 그렇게 나를 구해 냈다. 봄의 냄새를 품은 바람 속에서 다시 내 삶을 향해 걸어 나갔다. 때때로 흔들리면서도 중심을 잡고 일어서는 풀잎처럼. 자신의 자리를 묵묵히 지켜내는 노인처럼.

  한때는 흔들리는 것이 두려웠다. 조금만 마음이 무너지면 세상이 무너질 것 같았다. 누군가 내 안을 들여다보면 그 허약한 속살이 다 들통날까 봐 마음을 조이고 단단한 사람처럼 보이기 위해 애썼다. 겉으로는 잘 살아내는 것처럼 보이고 싶었지만, 사실은 바람 앞의 촛불처럼 위태롭게 하루하루를 버티고 있었다. 혼돈의 시간 한가운데에서 단 한 가지 생각만을 놓지 않았다. 살고 싶다는 마음. 내가 이렇게 사라지기에는 억울하다는 마음. 어떻게든 한 번은 나를 위해 잘살아보고 싶다는 끈질긴 감정 하나가 결국 나를 다시 앞으로 걸어가게 했다. 무언가를 멋지게 해내기보다는 그저 오늘 하루를 무사히 살아내는 일. 나에게는 그것이 회복이었다. 종종 수업이 끝난 오후, 학교 교정을 걸었다. 텅 빈 운동장 옆 벚꽃 진 나무 아래를 걷는 순간은 나를 위한 시간이었다.

  나는 여전히 흔들린다. 불쑥 찾아오는 불안에 잠 못 이루기도 하고, 사소한 말 한마디에 오랫동안 힘들기도 하다. 가끔은 다시 어둠 속에 잠겨 모든 것이 무의미하게 느껴지는 날도 찾아온다. 하지만 예전처럼 어둠을 두려워하지 않는다. 그런 날이 있다는 것을 받아들이고 다시 천천히 걸음을 내디딘다. 내딛는 걸음은 나를 잃지 않기 위한 저항이자 앞으로 나아가기 위한 작고 용기 있는 선택이니까.

> 인간은 패배하도록 창조된 게 아니야.
> 인간은 파멸당할 수는 있을지 몰라도 패배할 수는 없어.
>
> ……… 어니스트 헤밍웨이, 「노인과 바다」

8
베른의 오후,
자유로운 그녀

장인실

　계원예대 벚꽃 길을 산책하면서 사진을 찍었다. 그동안 무심히 지나쳤던 골목길의 작은 꽃들, 작은 틈들, 잊힌 경계와 규율로 묶여있지 않은 자유로운 건축물 사이의 선들이 보이기 시작했다. 언제나 그 자리에 있었지만 한 번도 존재를 보이지 않던 것들이 모습을 드러냈다. '틈' 그 틈은 자유롭다. 벚꽃이 진 자리에도 자유로움이 있었다. 흩날리던 벚꽃잎이 땅을 덮고, 빈 가지마다 바람만 스치고 지나간다고 생각했는데, 그 자리 위에 어느새 겹벚꽃이 피어나고 있었다. 한 겹, 또 한 겹, 부드럽고 풍성한 꽃잎이 어제의 빈자리를 덮고, 새로운 풍경을 만들어냈다. 겹겹이 쌓인 시간 위에 다시 생명이 깃들었다. 겹겹이 새롭다. 겹겹이 자유롭다. 상실 뒤에 찾아오는 탄생, 허물어진 자리 위에 덧입혀지는 희망, 그것이 겹겹이 우리 삶을 채우고 있다. 나는 그 겹벚꽃을 바라보며 생각했다. 슬픔은 끝이 아니구나. 무너진 곳에 다시 무언가가 싹트고 있구나. 한 번의 아름다움이 지나간 자리에도, 또 다른 아름다움이 준비되고 있었다. 그 아름다움은 자유롭고 평온하게 내 삶 속에 스며들고 있었다.

온유 갤러리 앞에서 찍은 사진은 뜻밖의 장소에서 발견되는 삶의 고요한 아름다움을 섬세하게 포착하며, 부드러운 평온함을 불러일으켰다. 짙은 초록의 나뭇잎과 나무에서 쏟아지는 하얀 수국을 바라보면, 마치 자연의 부드러운 소란스러움이 들려오는 듯했다. 말없이 흐르는 생의 단순하고도 우아한 선율을 상기시키는 풍경이다. 오랜 세월을 버텨온 돌담은 생명력 넘치는 초록과 대조되며, 수없이 많은 이야기를 침묵 속에 간직한 채 세월을 품고 있다. 매번 새로 시작되는 여정이 담겨 있다. 시간의 얼굴이다. 오래된 것과 새로운 것이 공존한다. 시간은 흐르면서 무너뜨리기도 하고, 자라게도 한다. 우리가 딛는 모든 발걸음은, 아무리 작아 보일지라도, 결국 우리를 우리보다 더 큰 자유로 데려다준다.

유럽 여행을 다녀왔다. 9월인데도 융프라우의 정상에는 눈이 쌓여있었다. 산악 기차를 타러 가는 날 아침의 침잠(忱慘)한 기운이 내 몸을 더 가라앉게 했다. 스위스 베른에서의 사자상 앞에서 남편은 나에게 평생을 사랑하겠노라고 당신은 내 단 하나의 사랑이라며 스위스 용병처럼 고백했었다. 고요한 정기를 품은 알프스가 바라보이는 호텔 앞에서, 나는 이상하게 몸서리를 쳤다. 북한산에서 느꼈던 아득함과 편안함과는 거리가 먼 느낌이었다. 하지만 우리를 기다리는 다른 일행이 있었으니 서둘러 준비하고 나갔다. 남편은 내가 조금이라도 힘들어하는 기미가 보이면 손을 잡아주고 따뜻한 물을 건네주었다. 그 덕분인지, 흐트러졌던 몸의 기운을 회복할 수 있었다. 우리 일행은 산악열차를 타고 산 중턱에서 내렸다. 노스페이스 옷을 입은 몇 팀의 하이킹하는 사람들이 우리 앞을 지나갔다. "노스페이스는 전 세계 산악인의 유니폼인 것 같아!"라고 하면서 나는 남편을 향해 미소를 지었다. 이른 아침 들판에는 새벽에 내린 이슬방울이 연두색 새잎을 적시고 있었다. 걸을 때마다 바지 단 밑으로 축축함이 느껴졌다. 스며든 물기를 털어내면서 남편은 조심하라고 당부했다. 싱그러운 알프스의 아침 산책을 마치고 다시 산악열차로 돌아왔다. 산악열차는 자리가 지정되어 있지 않았다. 자리가 있으면 눈치껏 앉아야 했다. 다행히 우리는 미리 도착한 터라 좋은 위치에 자리를 잡고 앉아 있었다. 한 무리의 중국인들이 다짜고짜 우리보고 비켜달라고 했다. "Get away from here. It's ours. Our seat!" Please—실례하지만, 죄송한데요—라는 어떤 말도 앞도 앞세우지 않고 우리보고 꺼지라니! 난 그 자리를 양보하고 싶은 생각이 들지 않았다. 화가 났지만 침착하고 단단하게 말문을 열었다. "These are our seats! I have not received any information. So I'm not going to move!"

나의 단호한 반응에 중국인 무리 중 한 남자분이 조용히 일어나더니, "Sorry!"라고 짧게 말하고 그 여자분을 다른 자리로 데리고 갔다. 상황은 조용히 정리되었다.

오후에는 한국인 가이드가 픽업해주는 차를 타고 베른으로 갔다. 스위스 베른을 관통하는 아레강은 도시의 심장을 휘감듯 흐르고 있었다. 에메랄드빛 속삭임을 담은 강물은 아담한 골목과 붉은 지붕을 비추며, 오직 베른만이 그릴 수 있는 고요하고 품격 있는 풍경을 만들어내고 있었다. 그 시절의 나는 예민했고, 그는 말이 적었지만, 우리 두 사람의 발걸음은 마치 하나의 박자처럼, 도시의 결을 조용히 읽어내고 있었다. 베른 시내엔 전차가 느릿느릿 지나갔다. '스위스의 수도'라는 말을 듣고 서울의 분주함을 떠올렸지만, 그곳은 오히려 춘천의 어느 한적한 골목을 닮아있었다. 아레강은 초조하지 않고, 물 위의 오리들은 시간을 잊은 듯 유유히 노닐었다. 무엇보다 사람들의 표정에는 설명할 수 없는 여유가 배어 있었다. 바쁜 듯하면서도 다급하지 않은 스위스적인 속도였다.

느릿하게 트램 한 대가 지나간 뒤였다. 푸른 원피스를 입은 한 여인이 자전거를 타고 금빛 웨이브 머리칼을 흩날리며 우리를 스치듯 지나쳤다. 마치 한 편의 영화처럼, 그녀는 바람의 결을 타고 지나갔다. 누군가 의도적으로 연출한 한 장면 같았다. 남편과 나는 자연스럽게 그녀의 뒷모습을 따라 눈길을 보냈다. 그리고 그 순간, 뜻밖의 장면과 마주했다. 베른의 오후 도시 사이를 훑고 지나간 바람이 그녀의 원피스 자락을 펄럭였다. 그러자 그 아래로 하얀 속 살이 고스란히 드러나 보였다. 순간 우리의 시선은 주변을 더듬었다. 하지만 누구도 눈길을 주거나 수군거리지 않았다. 그저 자신의 속도로, 자신의 방식으로 그 오후의 공기를 온전히 즐기고 있을 뿐이었다. 그 장면은 우리에게 일종의 자유를 보여주었다. 규칙이나 경계를 넘어서서 드러나는 여유였다. 자기 삶의 무대 위를 당당히 지나가는 한 인간의 자연스럽고도 아름다운 '존재의 방식'이기도 했다. 그 장면은 지금까지 내 안에 남았다. 푸른 원피스를 입은 여인의 자전거 바퀴가 굴러가는 그 소리조차 바람에 스며들던 오후. 하얀 속살이 드러났음에도 조금의 당황도 없이 자신의 숨결로 시간을 살아가던 그녀. 주변 누구도 그 모습에 시선을 고정하거나, 의미를 부여하려 하지 않았다. 누구도 그녀를 판단하지 않았고, 그녀 역시 스스로를 변호하지 않았다. 오히려 우리가 알지 못하는 사이에, 그 한 장면은 이 도시 한복판에서 자기 자신으로 존재하는 법을, 아무것도 두려워하지 않고 자유롭게 살아가는 사람의 태도를 보여주고 있었다.

그때 나도 모르게 머릿속을 스친 문장이 있었다. 카잔자키스의 무덤에 새겨진, 삶의 최종 선언 같은 한 줄이었다. "아무것도 바라지 않는다. 아무것도 두렵지 않다. 나는 자유다." 그 문장은 그녀를 통해 생생한 현실의 숨결로 되살아났다. 그녀는 말 그대로, 자기 삶의 중심에서 자유롭게 있었다. 그리고 그 여유와 존재의 당당함은, 베른의 오후, 아레강을 따라 걷는 우리에게 그리스인 조르바 같은 자유로움을 주었다.

내 마음은 나는 듯 가뿐했다. 내 생애 이런 기쁨은 거의 맛본 적이 없었다. 기쁨이라기보다 숭고하면서도 설명할 수 없고 정당화할 수도 없는 열정이었다. 단순히 정당화할 수 없는 것이 아니라 정당화할 수 있는 모든 것들에 대한 반항이었다. 나는 모든 돈을 잃었다. 하지만 나는 전혀 예기치 않았던 자유를 느끼고 있다.

·········· 니코스 카잔자키스, 「그리스인 조르바」

9
자연이 내게 준 선물

정가주

살고 있는 아파트 건너편엔 개발되지 않은 땅이 있다. 작은 주택들만 드문드문 있는 빈 땅에서 채소를 키우는 사람들을 종종 마주친다. 버스에서 내려 집으로 걸어가는 길, 안 보이던 나무 탁자 하나가 보였다. 그 위에는 빨간 우체통이 놓여 있었다. '무농약 쌈 채소 5천 원'이라 붙은 푯말과 함께. 밭에서 일하고 있는 아주머니에게 "이거 파시는 거예요?" 물어보니 바로 따서 주겠다 하신다. 로메인, 적상추, 토마토, 알록달록 채소들이 텃밭 가득 자라고 있었다. 비닐봉지에 꽉꽉 눌러 담아주며 흐르는 물에 씻어서 바로 먹으라고 한다. 약을 안 뿌려 벌레 먹은 채소도 있을 수 있다는 말과 함께. "아, 이것도 한번 드셔보실래요?" 흙에서 바로 쑥 뽑아 준 건 미니 당근이었다. 밭에서 바로 수확한 싱싱한 채소를 살 수 있다는 생각에, 그 뒤로 길을 지날 때마다 한 봉지씩 사 왔다. 아주머니가 없으면 빨간 통에 5천 원을 넣고서.

예전에 나도 텃밭의 주인이 된 적이 있다. 아파트 관리사무소에서 '텃밭 분양 선착순'이라는 말만 듣고 달려갔었다. 마침 베란다 텃밭에 관한 책을 보며 방울토마토라도 길러볼까 하던 참이었다. 유모차에 둘째를 태우고 길게 이어진 언덕길을 올라갔다. 봄이었지만 햇볕이 뜨거웠던 날이었다. 경사가 있어서 올라가는 것만으로도 숨이 턱 막혔다. 20분을 걸어 올라간 곳은 한 번도 농사짓지 않은 땅, 울퉁불퉁한 돌밭이었다. 여기서 어떻게 농사를 지으라는 거지? 기껏해야 방울토마토랑 상추 정도 기를 생각이었지만 뭐부터 시작해야 할지 막막했다. 주말마다 남편과 아이들을 데리고 텃밭에 가기 시작했다. 우리가 제일 먼저 해야 할 일은 땅을 고르게 일구는 일이었다. 땅에 박혀 있는 돌을 하나씩 밭 가장자리로 옮겨 놓는 단순한 작업이었다. 큰 돌은 남편이, 작은 돌은 아이들이 하나씩 들고 밭 주변에 쌓았다. 집 근처에 있는 화원에 들러 땅에 뿌릴 거름과 크고 작은 삽, 무릎까지 오는 장화를 샀다. 책으로 배운 농사였지만 고랑을 만들고, 모종을 심고 물을 주니 하나둘씩 열매를 맺기 시작했다. 늦가을이 되자 한여름에 심어둔 고구마 모종에서 고구마 알이 딸려 올라왔다. 괭이를 들고 살살 흙을 파서 고구마를 발견하면 소리를 질렀다. 아이들은 땅에서 흙을 만지며 종일 놀았다. 뽑으면 그 자리에 다시 싹이 올라오는 상추와 고추, 가지를 뜯어 바구니 한가득 담아오는 일은 텃밭 하는 즐거움 중 하나였다.

두 고랑 텃밭은 금세 무성해졌지만 지키는 일은 만만치 않았다. 무엇보다 땡볕 아래서 잡초를 뽑는 게 힘들었다. 비가 오고 나면 눈 깜짝할 사이에 잡초가 또 무성해졌다. 산에서 내려온 고라니의 습격도 문제였다. 텃밭 주위에 철조망을 둘러놓아도 소용없었다. 다 키워놓은 옥수수, 채소를 갉아먹고 밭을 엉망으로 만들어 놓았다. 장마가 지고, 태풍이 불면 키가 큰 작물은 휘청거려 지지대를 세워야만 했다. 진딧물이 생기면 얼마 못 가 시들해지고 병이 들어 죽었다. 때를 잘 몰라 수확하지 못한 작물도 있었다. 너무 빨리 수확하거나 늦어지면 먹지 못하고 버리는 경우가 생겼다.

봄, 여름, 가을, 겨울. 사계절을 보내며 척박한 땅에서 살아있는 땅으로 변화되는 과정을 지켜보았다. 서툴기는 했지만, 꽃이 피고 열매를 맺는 일이 마치 아이를 키우듯 새 생명을 키워내는 일처럼 느껴졌다. 하지만 텃밭을 돌보는 건 식물 키우는 방법만 안다고 할 수 있는 게 아니었다. 강한 햇볕, 진딧물, 예기치 않은 태풍과 비, 고라니의 습격처럼 농사엔 변수가 많았다. 생명을 돌본다는 건, 결국 내가 통제할 수 없는 것들과도 함께 살아가는 법을 배우는 일이었다.

얼마 전 〈위대한 작은 농장〉이라는 다큐멘터리를 추천받아 아들과 함께 봤다. 우리가 했던 작은 텃밭과는 비교도 안 되는 넓은 땅을 변화시키는 과정을 볼 수 있었다. LA 도심 속 아파트에 살던 신혼부부 감독 존과 요리사 몰리는 안락사 위기에서 구한 반려견 토드가 밤낮없이 짖어 이웃들로부터 쫓겨날 위기에 처하게 된다. 이들은 과감하게 도시를 떠나 자연과 함께하는 전통식 농장을 짓기로 결심하고, 축구장 100배 면적의 척박한 황무지를 변화시킬 무모한 도전을 시작한다. 아무런 생명도 자라지 않을 것 같은 부스러지는 흙을 만지며 부부는 기름질 땅으로 변화시킬 계획을 생각한다.

갈라진 땅, 살아 있는 생명 하나 없는 벌판에서 그들은 다시 생명을 불러오기 위해 고군분투한다. 유기농법을 고집하며 자연의 질서를 따르다 보니 닭을 코요테에게 잃기도 하고, 과일은 새들의 먹잇감이 되기도 한다. 문제는 끝없이 이어지지만, 그들은 해답을 자연 안에서 찾는다. 해충이 생기면 해충을 잡아먹는 동물을 들이고, 땅이 메마르면 동물들의 배설물과 낙엽으로 땅을 되살린다. 서로를 돕는 생물들이 연결되어 진짜 '생명의 순환'이 이루어진다.

영화 속 존과 몰리 부부가 일군 농장은 단순히 '먹을 것을 키우는 땅'이 아니었다. 그들이 만든 농장은, 상처 입은 자연과 다시 관계를 맺고, 잊고 살던 생명의 질서를 복원해 가는 회복의 공간이었다. 코요테가 닭을 해치면 철망을 세우는 대신 생태계를 들여다보고, 진딧물이 생기면 약을 치는 대신 무당벌레를 초대했다. 그들은 제거나 통제보다 이해와 관계 맺음을 택했다.

그들의 실험은 자연에 대한 신뢰, 생명에 대한 존중에서 시작되었다. 예상치 못한 변수들, 때로는 실패 같던 일들이 결국 순환의 일부였다는 걸 알아간다. 완벽히 통제하려 하지 않고, 함께 살아가는 법을 배워가는 게 삶을 살아가는 방식이어야 한다고.

비 오고 난 뒤, 바람이 선선해진 일요일 오후였다. 채소 담을 바구니, 비닐봉지, 장갑, 시원한 얼음물을 준비해서 작년부터 새로 일구기 시작한 텃밭에 갔다. 낮에는 햇볕이 쨍하더니 오후가 되니 바람이 시원하게 불었다. 하늘을 보니 비가 올 것처럼 먹구름이 몰려왔다. 무성하게 자란 잡초들이 고랑 사이사이에 우거져있었다. 고랑 사이를 뛰어다니는 아들이 갑자기 소리를 지른다.

"뭐가 펄쩍 뛰어서 저기로 갔어. 으아악." 장화를 신고서도 다리에 뭐가 달라붙은 거 같다며 호들갑스럽게 밖으로 뛰쳐나간다. 앞으론 절대 텃밭에 따라오지 않겠다던 아들도 땅에서 주렁주렁 딸려 나오는 고구마를 보니 다시 삽을 든다. 아들 키보다 더 자란 옥수수 이파리가 바람에 이리저리 흔들린다. 남편은 잡초를 베고 나는 텃밭 사이사이를 걸으며 상추를 수확했다. 무당벌레, 사마귀, 개미, 날벌레, 달팽이 그리고 이름 모를 벌레들과 함께. 머리 위로 비가 후드득 떨어졌다.

> 자연을 더 많이 공부하고 더 많이 알고 배우다 보면 우리 자신도 더 사랑하고 다른 동물이나 식물도 사랑하게 될 것입니다.
>
> ·········· 최재천, 『최재천의 희망 수업』

10
노을 아래를 걷다

(최보영)

키보드 소리, 타닥 타다닥. 분주한 손끝의 리듬이 사방으로 튄다. 업무를 마무리하려던 찰나, 번호표도 뽑지 않은 남성이 창구 앞으로 다가온다.

"이거 좀 확인해 주세요."

통장을 내밀며 몸을 바짝 기울인다.

"잠깐만요, 지금 처리 중이라서…."

동요가 들킬까 목소리를 낮추는 순간 전화벨이 울린다. 수화기를 어깨에 끼우고, 마우스를 바삐 움직인다.

"네, 감사합니다. ○○ 은행입니다."

익숙한 미소를 입꼬리에 걸고, 목소리를 다듬는 사이 말이 끝나기도 전에 날카로운 외침이 터진다.

"ATM 좀 봐주세요! 계속 안 되잖아요!"

고개를 드니 줄은 더 길어졌고, 수십 개 시선이 창구 안으로 쏟아진다.

앞에 앉은 고객은 책상을 탁탁 두드린다.

"왜 이렇게 오래 걸려요?"

수화기 너머 고객도 여전히 기다리고 있다.

"네, 계좌번호 말씀해 주세요."

숨을 고르며 목소리를 가다듬는다. 최대한 평소처럼. 통화는 이어지고, 눈앞 고객은 시계를 힐끗힐끗 본다. 바로 그때, 등 뒤로 상사의 목소리가 날카롭게 꽂힌다.

"오전에 요청한 서류 확인했어? 본부에서 아직도 안 보냈냐는데?"

말이 끝나기 무섭게, 자동 반사처럼 대기 번호 버튼을 누른다. 머리가 생각하기도 전에 손이 먼저 움직인다. 느릿하게, 한 사람이 자리에서 일어난다.

"157번 고객님."

익숙한 멘트가 기계처럼 입에서 흘러나온다.

다시 전화가 울리고, "조금만 기다려주시겠어요?" 몇 번째인지 모른다. 수화기는 어깨에, 마우스는 오른손에, 키보드와 도장은 번갈아 쥐어진다. 문의는 쏟아지고, 시선은 따갑고, 손은 더 빨라진다. 대기 번호를 보니 아직도 스무 명. 머릿속에선 같은 말만 반복된다. 진짜 좀…. 기다려줄래요? 나도 인간이거든요!

퇴근길 지하철에 올라탔다. 사람들로 꽉 찬 칸엔 앉을 틈도 없었다. 땀

냄새, 음식 냄새, 묘한 악취가 코끝을 스쳤다. 사람들은 서로 부대끼며 숨죽인 채 피곤함을 견디고 있었다. 좁은 공간에서 내 자리는 한없이 좁았고, 일상 피로가 그대로 연장된 듯했다. 그때 주말에 다녀간 딸이 리코더를 두고 갔다는 생각이 불현듯 떠올랐다.

'다음 주에 전해줘도 되겠지?' 대수롭지 않게 넘기려 했지만, 한 번 떠오른 생각은 쉽게 가라앉지 않았다. 그냥 집으로 가도 아무렇지 않을 저녁인데, 딸이 연습 못 해 속상해할 모습이 자꾸 떠올랐다. 작은 리코더 하나가 생각보다 큰 감정을 건드렸다. 곁에 없는 딸이 괜히 더 그리워졌다. 평소 같으면 스쳐 지나갔을 그리움이 그날은 유난히 짙고 오래 머물렀다. 결국 그 마음이 나를 다시 길 위에 세웠다. 딸의 반달 같은 웃음이 떠오르면 그리움은 더 짙어진다. "엄마!" 하고 달려올 모습, 리코더를 받아 들고 환하게 웃을 얼굴이 선명했다. 그 웃음 하나면 다시 힘이 날 텐데. 지하철 문이 열리자, 나는 더 이상 망설이지 않았다. 그날은 계산보다 마음이 가는 쪽이 더 맞는 길 같았다.

아이를 만나러 가는 길, 신호에 멈춰 섰을 때 백미러에 비친 내 얼굴이 눈에 들어왔다. 순간 흠칫했다. 화장기 없는 얼굴은 잿빛이었고, 눈가는 퀭하게 꺼져 있었다. 입꼬리는 축 처졌고, 빗지도 못한 머리카락이 뺨에 들러붙어 있었다. '이게 내 얼굴이라니….' 나, 이렇게까지 지쳐 있었구나. 돌봄의 순서에서 늘 가장 마지막이었던 내가, 그제야 보였다. 딸 앞에선 항상 예쁜 엄마였는데. 오늘, 이 얼굴로 만나도 괜찮을까? 예쁘게 꾸미던 나는 어디로 간 걸까. 웃고 떠들며 생기 가득하던 나는 지금 어디쯤 있나. 이런 생각들이 머릿속을 휘젓는 사이, 창밖 풍경은 무심히 흘러갔다. 어둠은 서서히 내려오고 있었고, 머릿속엔 여전히 일의 잔열이 남아 있었다. 다시 신호에 멈춘 틈에 두리번거리던 시선이 하늘에 닿았다. 익숙한 거리 너머, 저 멀리 붉은빛이 번지고 있었다. 도로가 굽을수록 시야는 트였고 저녁 하늘은 파노라마처럼 펼쳐졌다. 천천히 물드는 하늘이 말없이 나를 끌어당겼다. 그날 노을은 유난히 느리게 번져갔다. 내 무거운 걸음에 속도를 맞춰 주는 것 같았다. 멈출 때마다 붉은빛은 조금 더 짙어졌고, 눈길 돌릴 틈도 없이 하늘에 마음이 붙들렸다. 노을 앞에 서고 나서야 알 수 있었다. 종일 마음이 얼마나 가라앉아 있었는지. 무언가 놓친 듯한 공허함, 말로 설명할 수 없는 허전함이 고운 빛에 대비되듯 또렷이 드러났다. 빛과 어둠이 교차하는 그 경계에서 세상도, 나도, 그 순간만큼은 조용히 멈춘 듯했다. 진짜 영화 한 장면을 보는 것 같았다. 아니, 내가 영화 한 장면 속에 있는 듯했다.

그날 이후, 일부러 그 시간대를 찾아 걷기 시작했다. 하루가 끝나갈 무렵, 노을이 짙어지는 쪽으로 천천히 발걸음을 옮기곤 했다. 회사에서 벗어나자마자 숨을 고르는 시간이었다. 발끝에 닿는 바닥의 감촉, 스치는 바람, 가로수 사이로 번지는 붉은빛. 걷는 동안 마음 한쪽에 남은 하루의 소음이 조금씩 잠잠해졌다. 걸음은 자연스레 느려졌고, 나도 모르게 하늘을 자주 올려다보았다. 그 순간만큼은 하루 내내 흔들리던 마음이 노을빛 안에서 조용히 가라앉았고, 잊고 있던 평온이 마음 한가운데 단단히 내려앉는 것 같았다. 주말 모녀였던 우리는 일요일 저녁이면 괜히 예민해지곤 했다. 그날도 말이 적어진 채 차에 올라 아이의 집으로 가고 있었다. 그때, 아이가 먼저 말했다.

"엄마, 하늘 좀 봐."

고개를 돌리자 붉게 물든 하늘이 창밖을 가득 채우고 있었다. 그냥 지나치기 아까운 순간이었다. 더 늦으면 이 예쁜 장면을 놓칠까 봐 즉흥적으로 차를 돌려 대저수문 생태공원으로 향했다. 낙동강 위로 노을빛이 천천히 퍼지고, 물결은 잔잔했다. 우리 모녀는 말없이 걸으며 그 하늘을 바라보았다. 물 위로 번진 빛은 미세하게 일렁였고, 하늘은 점점 깊고 진하게 물들었다. 반달처럼 휘어진 딸의 눈, 가볍게 뛰는 발소리, 기분 좋게 쏟아내던 말들이 모두 그 풍경 속에 녹아들었다. 마음은 어느새 붉은 빛으로 물든 길을 따라 천천히 걸어가고 있었다. 노을은 감정을 흔들거나 북돋우지 않았다. 그저 다가와 마음을 어루만지는 듯했다. 등을 쓰다듬는 엄마 손길처럼, 어깨를 덮는 담요처럼, 아무 말 없이 곁에 머물며 마음을 천천히 가라앉혔다. 새벽이 등을 떠밀어 하루를 시작하게 한다면, 노을은 잠시 멈춰 서게 하는 시간이었다. 판단도 조언도 없이 그저 바라봐 주는 눈빛처럼, 빠르게 흐르는 하루 끝에서 조용한 정적이 나를 다시 들여다보게 했다.

  그 마음으로 나는 다시 하루 끝자락에 선다. 노을이 짙어질수록 짜증 냈던 일, 말하지 못한 자책, 엄마로서 부족함까지 쌓인 감정이 천천히 가라앉는다. 노을은 말없이 나를 붙들고 흩어진 감정을 차분히 정리해 준다. 종일 흔들리던 마음이 하늘빛 아래에서야 비로소 제자리를 찾는다. 걷는 시간은 조용히 나를 돌아보게 하는 시간이다. 빠르게 흐르는 하루 끝에서 짧은 산책은 마음을 정돈하고 내일을 준비하게 한다. 노을을 따라 걷는 길 위에서 나는 다시 나를 만난다.

> 자연과 함께 걷는 순간, 우리는 기대했던 것보다 훨씬 깊고 조용한 위로를 얻게 된다.
>
> ·········· 존 뮤어, 『Steep Trails』

4장
꿈을 향해 다시 걷는 길

타인의 시선에서 벗어나 온전히 나 자신을 사랑할 수 있는 사람이 되고 싶다. 지금 이대로의 내가 좋고 만족하는 삶. 사회적 세상의 기준으로는 미달일지 몰라도, 내 일상이 좋다. 어쩌면 내 꿈은, 내가 되는 것이다.

우연히 만난 사람들, 우연히 흘러든 장면들 속에서 흘러가는 대로, 자연스럽게 살아보는 것이다. 이렇게 살다 보면 어쩌면 지금은 보이지 않는 나만의 길이 천천히 나타나지 않을까.

글쓰기는 산책과 같다. 방향만 있으면 시간에 쫓기지 않고 천천히 걸어도 된다. 멈추고 돌아서더라도, 다시 걸으면 된다. 그렇게 나는 매일 반복되는 글쓰기 시간 속에서 산책하듯 마음이 이끄는 대로 걸어가고 있다.

1
내 꿈은 개망초가 되는 것

권윤영

"What is your dream?" 영어를 공부하다 보면 수없이 만나게 되는 질문이다. 그 질문에 나는 과연 어떤 명사를 넣어서 대답했었지? 이상하게도 기억이 나질 않는다. 그러다 꿈이라는 단어의 정확한 의미가 궁금해졌다. 왜냐하면, 아무도 나에게 '꿈'이 정확히 무엇인지 설명해 준 적이 없기 때문이다. 나는 요즘 단어의 뜻을 네이버에 검색해보는 습관이 생겼다. 그래서 '꿈'도 검색해보았다. 세 가지 뜻이 나왔는데, 그중 '실현될 가능성이 아주 작거나 전혀 없는 헛된 기대'라는 뜻도 있었다. 뭐야, 그럼 꿈을 꾸라는 거야 말라는 거야. 내가 생각했던 일반적인 꿈의 의미와 정반대의 뜻도 가지고 있었던 거다. 가만히 생각해 보니 나에게 꿈은 바로 그 세 번째 뜻, 도달할 수 없는 무언가나 가능성이 제로인 헛된 기대에 가까웠다. 왜냐하면, 나는 꿈이 없었으니까. 누가 보기에도 나는 애매한 삶에 가까웠다. 시간 가는 대로 흘러가는 목표 없는 인생. 그게 바로 내 삶이었다.

감사하게도 내가 사는 곳 근처에는 5분만 걸어가면 천이 하나 나온다. 오늘은 그 방향으로 걸어보았다. 이맘때쯤 흔하게 보이는 하얀 꽃잎 사이에 노랑 점이 찍힌, 달걀을 닮은 개망초들이 나를 반겨 주었다. 이 꽃들은 들, 밭둑, 길가 등 척박한 환경에서도 빠르게 번식한다. 생명력이 강한 개망초가 봄에서 여름이 넘어가는 계절 사이 여기저기에서 피어나고 있었다. 너무나 흔해서 주목받지 않는 존재, 꽃이라고 불리기보다는 잡초라고 불리는 개망초는 예쁘지만, 쓸모는 없고, 강하지만 귀하지는 않다.

계란을 닮은 개망초들을 바라보면서 걷다가 얼마 전 울먹거리는 아이에게 던진 폭탄이 떠올랐다. "넌 도대체 학원은 왜 다니는 거야? 뭐가 되려고 그래? 넌 꿈도 없어?" 하지 말았어야 하는 말을 입으로 뱉어놓았던 나 자신이 갑자기 부끄러웠다. '그러는 너는 꿈이 있냐? 왜 애를 잡고….' 뒤늦게 눈물이 쏟아졌다. 애매한 삶, 일도 엄마 노릇도 다 애매하게 하는 나. 나는 앞으로 어떤 사람이 될까. 그때 지니뮤직에서 흘러나오는 쿨 이재훈의 철부지 노래 중, 이 가사가 마음에 훅 들어왔다. "어느덧 난 마흔이 넘었고 많은 게 예전과는 다르지. 철이 든 것 같기도 나이 든 것 같기도 하다가, 또 그대로."

예전의 나도 꿈이 없었고, 마흔이 넘은 지금의 나도 여전히 꿈이 없다. 작년 우연히 지인의 선물로 읽었던 『메리골드 마음 사진관』이란 책에 이런 구절이 나온다. 소설 속 주인공 중 한 명인 범준의 이야기다. "내 꿈은 방울토마토라고 썼다가 교무실 불려 갔어요. 장난이 아니고 진짜였어요. 귀엽고 탱글탱글하고 어디서나 만날 수 있어서 쉽고 편한 사람이 되고 싶다고 생각했거든요." 목표도, 꿈도 없던 그가 학창 시절에 꿈을 적으라는 칸에 방울토마토라고 쓴 것이다. 범준의 꿈은 흔히 사람들이 원하는 변호사, 선생님, 판사, 유튜버 같은 종류의 직업이 아니다. 범준의 이야기를 보면서 와, 어쩌면 내가 정말로 원하는 꿈은 멋진 수식어가 붙는 직업이 아니라 채소의 한 종류인 방울토마토 같은 것일 수도 있겠다는 생각이 들었다. 사실 방울토마토 같은 사람이 되는 게 가장 어려운 일 중의 하나일 텐데.

요즘은 꿈이 없는 사람이 이상하게 보이기도 한다. 열정적으로 살아가는 사람들이 너무 많아서일까. 계획과 목표가 없는 40대인 나는 책을 많이 읽지도, 그렇다고 글을 매일 쓰지도, 무엇을 하기 위해 열정적으로 영혼을 갈아 넣지도 않는다. 나 빼고 모두가 다들 열심히 살아가는 것 같아 가끔은 불안하기도 하고, 흔들리기도 한다. 그러나 나를 조금씩 사랑하기 시작한 이후 아이러니하게도 꿈이 없는 이 애매한 삶이 생각보다 괜찮다는 생각이 든다. 하루를 촘촘히 계획해서 움직이지 않아도, 주말에 무엇을 할지 미리 정하지 못해도, 미래를 위해 꾸준히 무언가를 하지 못해도 말이다. 작심삼일을 밥 먹듯이 반복해도, 그냥 내게 주어진 하루하루를 잘 살아내는 내가 싫지 않다. 무엇이 되고 싶다고 명확히 말할 수는 없지만, 지금의 나를 그대로 좋아하기로 마음먹었다. 나는 남들 눈에 멋져 보이는 직업을 가진 것도 아니고, 서울에 집을 소유한 것도 아니고, 공부 잘하는 자녀를 두지도 않았다. 나는 그저 산미 없는 따뜻한 아메리카노를 좋아하고, 뒷말보다는 꼭 해야 할 말을 앞에서 조심스레 하려 하고, 쓰레기통이 없으면 주머니에 쓰레기를 넣고 오는 사람이다. 그리고 아침 일기를 쓰며 타인이 아닌 내 감정을 알아차리고, 나와 더 가까워지려 애쓰는 중인 사람이다.

6시 35분쯤 울리는 알람을 끄고 나의 하루를 시작한다. 하늘이 두 쪽이 나도 아침밥을 꼭 먹고 사는 남편의 끼니를 13년째 챙기고 있다. 그러고 나면 나만의 시간이 생긴다. 아이들이 일어나기 전까지 30분 정도의 시간. 불과 몇 달 전까지는 닫히는 문소리를 듣자마자 침대로 다시 직행했다. 이제는 침대가 아닌 노트북으로 내 몸을 향한다. 초등학교 때 숙제로 내준 일기도 동생 것 베껴가던 내가 마흔이 넘어서 아침 일기를 쓴다. 일기를 다 쓸 즈음 아이들이 일어나는데, 3학년, 6학년 자매들의 아침은 살얼음판을 걷는 것 같다. 한 명의 입에서 나오는 짜증 섞인 말 한마디가 그날의 아침을 지배하기 때문이다. 아무리 조심해도 결국 내 잔소리와 고함으로 끝날 때가 있다. 그런 날엔 아이들을 내보내자마자 나도 재빨리 집에서 나간다. 모든 집안일을 다 내팽개치고 챙 넓은 모자 하나 두르고 신랑이 쓰다 넘겨준 한쪽만 나오는 아이팟을 들고 걷기 시작한다. 나만의 여정이 시작된다. 딱히 목적지도 없고, 가야 할 곳이 없지만, 그냥 걷는다. 해도 해도 끝이 없는 집안일, 맘먹고 치워야만 청소한 티가 나는 집, 요리에도 그다지 취미가 없어 오늘은 또 뭐해 먹지? 하는 반찬 고민을 뒤로한 채, 나는 또 걷는다. 자투리 시간에 일기를 쓰고, 맘에 맞지 않는 사람들과의 커피타임 대신 산책하며 개인 시간을 보내는 지극히 평범한 40대 아줌마의 일상.

다시 집으로 돌아가는 길에 어느 산책길에나 피어있는 개망초와 또 마주쳤다. 매일 반짝이지 않고, 가끔 무기력하고, 잘하는 게 딱히 없고, 좋아하는 것도 잘 모르겠는 나. 그런 내가 개망초에 나지막이 말을 걸어 보았다. "그 자리에 피어있는 것만으로 충분히 괜찮은 것 같아." 앞으로 내가 원하는 '꿈'은 여전히 모르겠다. 하지만, 이루고 싶은 '삶'은 있다. 타인의 시선에서 벗어나 온전히 나 자신을 사랑할 수 있는 사람이 되고 싶다. 지금 이대로의 내가 좋고 만족하는 삶. 사회적 세상의 기준으로는 미달일지 몰라도, 내 일상이 좋다. 어쩌면 내 꿈은, 내가 되는 것이다.

> 인생에서 무언가 큰 의미를 찾지 않아도 괜찮다. 중요한 건 하루하루를 충실히 살아가는 것
> 눈부시지 않아도 자신만의 속도로 걷는 것이다.
>
> ·········· 무라카미 하루키

2
골목길에서 마주한
인생 파노라마

(김미연)

　5월의 스위스는 아직 춥다. 스위스 여행 시즌은 6월에서 9월까지이다. 여행 시작 하루 만에 수긍했다. 전날 캠핑차 보일러를 높이 올려놓고 잤는데 가동이 안 된 모양이다. 다행히 따뜻한 이불이 체온을 유지해 줘 몸에 이상은 없다. 베른 구시가를 구경하고 돌아오는 길이다. 춥게 자고 일어나 웅크리며 시내를 돌아다녔더니 몸이 뻐근하다. 오후가 되니 날씨가 좀 풀린다. 하루를 춥게 지내도 따뜻한 집에 들어가 몸을 녹일 수 있다는 기대감은 추위를 견딜 수 있게 하는 버팀목이 되기도 한다. '오늘은 보일러가 제대로 가동되어야 할 텐데.'라는 걱정만으로도 한낮의 냉기가 더 싸늘하게 느껴진다. 그러다 집에서 둘이 학교에 다니고 있을 아이들에게 생각이 닿는다. 내가 얼마나 단단하고 믿음직스러운 베이스캠프가 되어주는가에 따라 아이들이 인생에 도전할 수 있는 용기의 크기가 결정될 수도 있겠구나. '아이들에게 언제 돌아와도 기댈 수 있는 그런 따뜻함이 되어야겠다.'라는 생각하며 발걸음을 옮긴다.

    베른 시내에서 10여 분 버스를 타고 주택가를 10분 정도 걸으면 캠핑장이다. 유럽 캠핑장은 대도시에도 이렇게 시내 가까이 있는 곳이 많다. 언니는 형부와 나는 남편과 손을 잡고 걷는다. 집마다 꾸며놓은 소품이 아기자기 독특하다. 정성 들여 심어놓은 울긋불긋한 봄꽃이 보는 재미를 더한다. 마침, 하교 시간이었나 보다. 한적한 주택가를 우리 일행만 조용히 걷고 있는데 전동 킥보드를 탄 아이가 뒤에서 나와 쌩하니 지나간다. 한쪽 다리를 들었다가 발 바꾸기를 했다가 급기야는 점프한다. '킥보드 경연대회가 있어 특별히 연습이라도 했나. 저 녀석 물건일세.' 온갖 재주를 부리는데 안정감이 느껴져 위험하다는 생각이 안 든다. 우리의 시선을 다분히 의식한 멋들어진 쇼였다. 원래 그러고 다니는데, 오랜만에 만난 관중으로 신이 난 아이의 마음이 뒤통수를 통해 느껴진다. 시차를 두고 온 두 번째 아이. 이번엔 자전거다. 두 다리를 들었다가, 두 팔을 놓기도 한다. 지그재그로 방향을 급커브로 틀며 지나간다. 여유를 보여주려는 지 두 손을 뒤쪽 호주머니에 넣기까지 한다. 세 번째는 이제 갓 초등학생이 된 아이로 보인다. 재주라고 느낄 정도 실력은 아니다. 막 잔재주를 부리기 시작한 아이다. 얼마나 빨리 탈 수 있는지 보여주려는 모양이다. 수동 킥보드가 잔바람을 일으키며 쌩하니 옆을 지나간다. 네 번째 주자. 등에 기타를 매고 자전거를 탄 고등학생 정도로 보이는 청소년. 팔짱을 끼고 유유히 내려온다. 앞에서 보여준 갖은 기교는 이미 통달했다는 듯 여유를 부린다. 마지막 주자. 유치원을 마친 아이를 자전거 뒤에 태우고 지나간다. 아이를 뒤에 앉혀 놓고, 잔재주를 부릴 수는 없다. 두 손은 얌전히 핸들에 얹어져 있고 정석으로 안전하게 자전거를 타고 있다. 5분여 동안 마주친 주택가 골목길 풍경이다. 잠깐씩 스쳐 지나가는 사람들을 보면서 한 사람의 인생을 보고 있다는 생각이 든다. 그 나이에 맞는 속마음을 훔쳐본 느낌. 그럼 나는 지금 어디쯤 와 있는 걸까? 뭔가 특별한 목표는 없었다. 정신없이 살다 보니 아이들은 성인이 되었고, 독일에서 벌써 20년 차 인생이다.

20대 어느 날, 회사 휴게실에 앉아 친한 친구와 미래를 이야기했다. 오래전 일이지만 그날의 공기, 분위기, 둥글고 편했던 의자 느낌까지 생생하다. 겨우 30년도 살아보지 못했는데 그때의 나는 앞으로 삶이 어떻게 흘러갈지 정해져 있다고 생각했다. 그냥 그려지는 삶이 지루하다는 생각도 들었다. 새로운 꿈을 꾸고 있었던 모양이다.

"나는 외국에서 살고 싶어. 앞으로 내가 어떻게 살게 될지 지금은 다 알 것 같아서 잘 모르는 삶을 살아보고 싶어."

"정말? 나는 외국에서 살아보고 싶다는 생각, 내가 외국에서 살 거라는 생각 한 번도 한 적이 없어. 너 정말 외국에서 살아보고 싶어?"

친구가 깜짝 놀라며 나에게 반문했다. 나도 놀랐다. 나는 당연히 친구도 같은 마음이라 생각했다. 아니 대부분 사람이 나와 비슷한 생각을 하며 살 거라고 착각하고 있었나 보다. 그때 나는 '사람들이 참 다른 생각을 하며 사는구나!' 알았다.

나는 이미 20대에 외국에서의 삶을 꿈꾸었구나. '누가 그래? 내가 꿈도 없이 흘러가는 대로 살아온 거라고.' 내 내면이 이야기한다. '맞아. 아무도 너에게 그런 말 한 사람은 없어. 꿈도 없이 살아왔다고 그냥 너 스스로 그렇게 생각하고 있었다고.' 현재의 삶을 꿈꿔 본 적이 있다면, 그 꿈이 이루어진 거일 수도 있겠다.

솔직히 말하면 아직도 잘 모르겠다. 특별히 무엇을 향해 가고 있지는 않다. 미래의 내 모습을 꿈꾸기보다는 지금에 충실하며 살려고 할 뿐이다. 오늘 주어진 일을 하며, 할 수 있는 일에 최선을 다하기. 기적같이 주어진 오늘을 충실히 살아내기. 그러다 보면 미래 내 모습도 어딘가에 도착해 있겠지. 삶은 순간의 합이라고 했다. 나는 오늘도 바로, 이 순간에 머물며 내가 할 수 있는 일을 충실히 해나가기로 한다.

시각 장애인 조승리 작가는 책 『이 지랄맞음이 쌓여 축제가 되겠지』에서 이렇게 말한다. 10대에는 최고의 유작을 한 편 남기고 요절하고 싶었는데 이젠 무병장수하며 누가 봐도 호상이라고 할 때까지 글을 쓰며 사는 게 꿈이라고. 이렇게 평범한 꿈도 꿈이라고 할 수 있다면, 결과가 아닌 과정도 꿈이 될 수 있다면, 나도 내 삶의 과정을 꿈꾼다. 오늘을 공들여 살다 보면 언젠가는 내가 바라는 모습이 되어 있겠지.

어릴 때는 나이 50살만 넘어도 인생 다 살았겠거니 생각했다. 지금 그 나이로 살아보니 이젠 80살 이후의 삶이 그려진다. 실없는 농담에도, 새어 나오는 방귀 소리에도 깔깔거리고 웃으며 살 거라는 것을 안다. 50살 넘어 킥보드를 타며 보여줄 수 있는 익살스러운 기교는 없지만, 아이들의 뒤통수를 보며 마음을 읽는 눈이 생겼다. 내 아이들에게 삶의 마지막까지 든든한 베이스캠프가 되어주고 싶은 만큼, 아이들은 이제 나를 응원해 주는 믿음직한 지원군이기도 하다. 아이들 앞날이 기대되고 흥미진진한 만큼이나 앞으로 내 인생도 어떻게 전개될지 궁금하다. 어쩌면 지금 쓰고 있는 이 글도 나를 미지의 세계로 실어다 줄 원동력이 되겠지. 어제보다 성장하는 내일을 꿈꾸며 오늘, 이 순간에 내 삶의 의미를 담아본다.

모두 멀리 보고 행복을 찾는데 행복은 지금 바로 여기, 이 순간에 있습니다. 삶은 순간의 합이기 때문입니다.

········· 박웅현, 「책은 도끼다」

3
나는 아다지오 마라토너

김인혜

　부끄럽지만 7년 전까지만 해도 내게 걷는다는 건 왠지 귀찮은 행위였다. 운동을 싫어하는 건 아니었지만 혼자 어디로 걸어가야 한다는 건 재미도 없고 지치는 일처럼 여겨졌다. 30대 후반 무렵의 나는 육아에 지쳐있었고 에너지라고는 하나도 없는, 만사가 귀찮은 사람이었다. 그리고 그즈음의 건강검진에서 1기 암 진단을 받았다. 자각증상이 없었기에 딱히 아픈 곳이 있는 건 아니었지만, 내가 암에 걸렸다는 사실 자체가 충격이었다. 암에 걸릴 만큼 내 몸이 건강하지 않았다는 것을 그제야 깨달았다. 황망함 속에 수술과 방사선치료를 마친 후 제일 먼저 떠오른 생각이 '이제부터 걷자'라는 것이었다. 평소 걷는 걸 좋아하지 않았었는데 이상하게도 무조건 걸어야겠다는 생각이 들었다.

　지금은 별로 좋아하지 않는 배우이지만, ─7년 사이 많은 것들이 바뀌었다— 그 무렵 모 배우가 '걷는 사람'이라는 타이틀로 시작하는 책을 냈다. 당시엔 호감도 있고 무슨 내용인지도 궁금해서 바로 책을 사서 읽었다. 무엇보다 자신의 정체성을 '걷는 사람'이라고 규정하는 사람은 과연 어떤 사람일까, 어떤 삶을 사는 걸까 궁금했다. 책 속의 그는 무척 건강했다. 바쁘게 살아가면서도 몸과 마음이 단단해 보였다. 그처럼 의무가 아니라 걷는 게 좋아서 걷고, 건강한 삶 그 자체를 추구하고 싶은 마음이 샘솟았다. 바로 밑에 오랫동안 살면서도 거들떠보지 않았던 산으로, 나의 의지로는 처음으로 걸어 올라갔다.

그렇게 올라간 숲길은 신기할 정도로 기분 좋게 느껴졌다. 나도 모르게 발걸음이 가벼워졌다. 걷는다는 움직임 자체가 즐겁게 느껴지다니 나 자신에게 깜짝 놀랐다. 체력이 약했던 탓에 한 번에 많이 걸을 수는 없었지만 매일 조금씩 걷는 시간을 늘려나갔다. 걷는 시간이 점점 좋아지고 이전처럼 지루하게 느껴지지 않았다. 숲길이어서 더 그랬는지도 모른다. 산길을 걸어 올라가노라면 온갖 나무와 풀, 흙냄새가 뒤섞인 청량한 공기가 나를 감쌌다. 그리고 그 공기가 폐 깊숙이 스며들 때면 몸 전체가 환해지는 기분이 들었다. 여기저기 피어난 숲속의 작은 야생화들도 조용히 나를 반겨 주었다. 알고 보니 우리 동네 뒷산은 야생화의 보고였다. 나는 그렇게 숲을 걸으며 마치 첫걸음을 뗀 어린아이처럼, 첫사랑에 빠진 사람처럼 걷는 기쁨을 배워갔다.

내게는 '걷는 사람'이란 말과 더불어 소위 말하는 인생 단어가 하나 더 있다. '호모 비아토르(Homo Viator)', 여행하는 인간이란 뜻으로, 김영하의 『여행의 이유』에서 처음 알게 된 말이었다. 책에 언급된 BBC 다큐에 따르면 초기 인류는 사냥감이 지쳐 쓰러질 때까지 쫓고 또 쫓으며, 포식자를 피해 달리는 게 특기인 초식동물을 결국 멈춰 세워 사냥했다. 인류에게는 끊임없이 걷고 이동하는 존재적 본능이 있다고 했다. 그리고 걷기야말로 우리 현대인이 되찾아야 할 가장 중요한 본모습이라고 했다. 나도 그런 지구력과 이동 능력을 지닌 인류의 후예라는 말일까. 내 안의 무언가가 꿈틀거렸다. 너의 정체성도 걷는 사람이라고, 사람이란 원래 끊임없이 걷는 존재라고, 먼 인류의 조상이 내 DNA를 통해 말을 걸어오는 것 같았다. '자, 너도 걸어봐. 너는 지치지 않고 걸어갈 수 있어. 그런 지구력과 끈기가 네 안에도 있어. 걸을 때 느껴지는 살아있음을 너도 느껴봐.' 그런 본능이 DNA에 새겨져 있다고 생각하니 걷는다는 행위가 더 좋아지고 자신감이 생겼다.

7년이 지난 지금 나는 예전보다 훨씬 건강해졌고 에너지도 넘친다. 그런데 최근 심장에 조금 문제가 생겼다. 몇 년 전부터 일 년에 한두 번 정도 부정맥 중 빈맥 증상이 있었는데, 올해 들어 빈맥이 더 자주, 더 오래 지속되고 있다. 예고나 전조 없이 심장이 갑자기 빠르게 뛰기 시작하고, 심장의 강한 펌프질로 상체가 휘청휘청하게 느껴질 정도다. 증상이 오래 지속되면 팔다리가 저릿하고 전신이 무기력해진다. 그럴 때면 어딘가에 기대어 앉아 박동이 잦아들기만을 기다릴 수밖에 없다. 얼마 전엔 결국 응급실에 다녀왔다. 링거로 약을 투여하고서야 두 시간 넘게 빠르게 뛰던 심장이 겨우 정상으로 돌아왔다. 새벽 2시가 넘어 집으로 돌아와 침대에 누워있는데, 잦아든 이후에도 여전히 조금 빠르게 뛰고 있는 심장이 느껴졌다. 평소엔 심장이 뛰는 걸 인식조차 하지 못했었는데…. 콩닥콩닥 끊임없이 펌프질 중인 내 가슴속 심장이 왠지 가여우면서도 대견하게 느껴졌다. 그래, 내가 숨 쉬고 살아있는 동안 넌 평생 쉬지 않고 뛰겠구나. 여전히 지구력이 부족한 나이지만, 내 안에는 위대한 마라토너가 존재하고 있었다.

  숨 쉬고 심장이 뛰는 건 평소에는 잘 의식하지 못하는 자율 생명 활동이지만 불편함이 느껴지면 덜컥 겁이 난다. 심장이 뛰고, 호흡하고, 걷는다는 건 자연스러운 일이지만 당연한 일은 아닌데, 종종 그 소중함을 잊을 때가 있는 것이다. 예전처럼 만사 귀찮고 무기력해지려는 기미가 보이면 나는 다시 밖으로 나가 걷는다. 오래 걷다 보면 조금 숨도 크게 쉬게 되고 심장이 뛰는 것이 느껴진다. 그렇게 걷고 있자면 내가 숨을 쉬는 존재, 살아있는 존재라는 느낌이 생생해진다. 요즘엔 그 살아있다는 감각 때문에 걷기가 더욱 좋아졌다. 그렇다고 격한 운동이나 달리기를 해서 땀이 비 오듯 흐르고 숨이 심하게 가쁜 건 별로 내키지 않는다. 취미로 발레를 오랫동안 배워오고 있지만 발레 수업 시간에도 나는 느릿한 피아노 선율에 맞춘 아다지오 동작을 좋아한다. 천천히 다리를 들어 올리고 발끝으로 균형을 잡으며 버티는 동안, 나는 내 몸 구석구석을 가장 또렷하게 느낄 수 있다. 음악 용어인 아다지오는 '매우 느리게, 천천히'라는 뜻이다. 걷기의 속도도 바로 아다지오이다. 여전히 달리기는 사랑할 수 없어도 걷기와 사랑에 빠질 수 있었던 건 걷기가 느린 속도를 가지고 있기 때문인지 모른다. 빠른 속도가 미덕처럼 여겨지는 시대지만 나는 느리고 우회하고 방황하는 쪽에 가깝고, 그게 또 잘 맞는 것 같다. 나는 천천히 나만의 속도로 걸어가고 있다. 그리고 느리지만 지치지 않고 걸어갈 수 있다고 내 안의 본능이 계속 일깨워준다. 앞으로 살아있는 동안, 내 두 다리로 걸을 수 있는 동안, 나는 걷고 또 걸어갈 것이다. 가슴속에 있는 매일의 마라토너, 내 작은 심장에 감사해하면서. 아다지오 속도로.

혼자 걷는 게 좋은 것은 걷는 기쁨을 내 다리하고 오붓하게 나눌 수 있기 때문이다.

········· 박완서, 『모래알만 한 진실이라도』

4
향기를 풍기는 아카시아처럼

(김태영)

    지부장님을 만나고 돌아가는 길에 버스를 타려다가 걸어가기로 마음을 바꿨다. 오늘따라 해도 빛나고 미세먼지도 없는 듯했기에. 무엇보다 마음이 가볍고 기분이 좋아서 걷고 싶었다. 어디선가 읽었던 걷기 예찬 글에서 "지금 같은 계절에 걷지 않는 것은 손해"라고 했다. 정류장 옆 도로를 따라서 조금 걸으니 게내수변공원으로 내려가는 길이 있었다. 수변공원 산책길을 따라가면 지상의 복잡한 길을 잊고 집으로 돌아갈 수 있다. 지난겨울부터 틈틈이 온라인 수업을 들으며 독서지도사 자격시험을 준비하고 있다. 시험을 몇 주 앞둔 며칠 전 어느 날, 해당 독서 교실 지부장님으로부터 만나고 싶다는 연락을 받았다. 아직 자격증을 취득한 것도 아닌데 정말 가볍게 한번 만나고 싶으신 건지, 아니면 어떤 면접의 절차인 건지 알쏭달쏭했다. 오늘 두근두근하는 마음으로 약속 시간에 맞춰 지부를 찾아갔다. 다행히 지부장님은 편안하게 대해주셨고, 대화는 자연스럽게 흘러가 자격 취득 후의 절차와 앞으로의 모임에 대한 말씀까지 해주셨다. 마음먹은 일이 뭔가 순조롭게 진행되고 있는 느낌도 좋았지만, 무엇보다 긴 시간의 고민을 끝내고 드디어 내가 가야 할 방향을 찾은 것 같아서 기분이 날아갈 듯했다. 그때 푸드덕 다리가 긴 왜가리 두 마리가 개울 위로 날아와 성큼성큼 걸으며 먹이를 찾는다. 신기한 마음에 조심스럽게 다가가 사진을 찍었다. 왠지 예감이 좋다.

 이십 대 젊은 날의 나는 늘 바빴다. 그때의 나는 뭐든 열심히 하고 잘해야 직성이 풀리는 성격이었다. 출근 전에 어학원 새벽반에 등록해서 꽤 열심히 영어 공부를 했었다. 사무실은 서초동인데 유명 강사를 찾아가느라 종로까지 가서 수업을 듣고 다시 지하철을 타고 회사에 가기도 했다. 새벽에 남들보다 일찍 집을 나설 때 어스름하게 동트는 하늘을 보는 일과 코끝에 느껴지는 신선한 새벽 공기가 좋았다. 내가 열심히 살고 있다는 느낌이 들었다. 이른 아침 지하철에 가득한 사람들, 어학원 강의실을 꽉 채운 직장인들을 보면서 이렇게 많은 사람이 자기 계발에 열심이라는 사실에 놀랐고 나 역시 그들과 한배를 타고 있다는 묘한 동지애를 느꼈다. 그러나 그 당시 나는 어디로 가는지 모른 채 달리는 경주마와 다를 바 없었던 것 같다. 이렇게 살지 않으면 나만 뒤처질까 봐 불안했지만, 지금 내가 가고 있는 길이 정말 나의 길인지 확신이 없었다. 일의 의미를 찾지 못한 채 직장을 많이 옮겨 다녔다. 한 회사를 오래 다니는 사람들이 대단하게 느껴지기도 했고 부럽기도 했지만 그렇다고 회사에서 승진하는 일에도 그다지 매력을 느끼지 못했다. 나는 내가 하는 일이 결국은 회사가 돈을 벌기 위한 일이라는 사실이 싫었다.

  30대 중반에 엄마가 되었고, 그때 기다렸다는 듯이 회사를 그만뒀다. 내 아이를 다른 사람에게 맡기지 않고 온전히 키워내겠다는 욕심도 있었고, 회사 생활에 염증을 느끼던 차이기도 했다. 듣던 대로 육아는 쉬운 일이 아니었다. 체력적 정신적으로 소모가 컸고, 무엇보다 힘들었던 것은 육아는 내가 애쓴다고 노력한 만큼 성과를 이루는 일이 아니라는 깨달음이었다. 아이는 나와는 다른 하나의 우주이다. 아이를 키우는 일은 상대를 온전히 이해하는 일이며 깊이 사랑하면서도 부모와 자식이라는 적당한 거리를 유지해야 하는 일이다. 일을 포기하지 않고 육아를 병행하는 가까운 친구, 선후배 워킹맘들을 만나면 나만 아무것도 아닌 사람이 된 것 같은 우울한 마음이 들었다. 그러나 아이들은 표정 하나 행동 하나까지도 너무나 사랑스러웠고, 또 아이는 지금 내가 절대적으로 필요하다는 생각에 이내 일보다는 아이들에게 더 큰 의미를 두게 되었다. 엄마로서 살아온 시간이 무려 16년의 세월이다. 물론 내 선택을 후회하지는 않는다. 나는 아이들로부터 무조건적인 사랑을 받았고 행복했다. 덕분에 나 아닌 타인을 진심으로 사랑하는 경험을 했고, 이전과는 세상을 보는 시각이 달라졌음을 느낀다.

큰딸의 사춘기가 시작되면서, 내 길이 무엇일까를 다시 고민하기 시작했다. 인생의 2막에는 정말 좋아하는 일을 하면서 보람을 느끼면서 살고 싶은데 내가 무엇을 좋아하고 무엇을 잘하는지 도통 감이 오지 않았다. 아이에게는 늘 네가 좋아하는 것, 가슴 뛰게 하는 일이 무엇인지 관찰하라고, 인생을 너답게 살라고 얘기했는데 정작 나는 40이 훌쩍 넘은 나이에도 자신에 대해 모른다는 것이 우습기도 하고 씁쓸하기도 했다. 바쁘게 살았던 과거의 시간 동안에 좋아하는 일보다는 해야 하는 일에 방점을 두고 살아왔기 때문이었을까. 남은 인생은 소박하게나마 세상에 기여하며 살고 싶다는 바람도 생겨났다. 무슨 일을 해볼까. 어떻게 하면 50대를 잘 준비할 수 있을까. 어떻게 해야 멋지게 늙어갈까. 끊임없이 고민하던 어느 날 문득 깨달았다. 나는 여유시간 대부분을 책과 보내고 있다는 것을.

며칠 전에 채널을 돌리다가 우연히 다큐멘터리 〈어른 김장하〉를 보게 되었다. 단순한 호기심이었다. 문형배 전 헌법재판소장을 통해서 알게 된 이름, 김장하. 항상 평균의 삶을 살겠다고 고집하는 문형배 헌법재판소장의 청렴함도 존경스럽지만, 그분이 존경한다는 김장하 선생은 도대체 어떤 분일지 궁금했다. 100분 남짓의 다큐를 보는 내내 마음에 묵직한 파문이 일었다. 김장하 선생은 내 상상을 뛰어넘는 진짜 '어른'이었다. 독지가인 선생이 젊은 시절부터 행했던 수많은 사회사업도 일일이 나열할 수 없을 만큼 많지만, 그분의 인품과 사람을 대하는 태도, 사회를 보는 관점에 더 큰 감명을 받았다. 선생의 도움을 받았던 수많은 제자는 마음속에 김장하라는 큰 기준을 가지고 살아간다고 한다. 나를 도와주신 그분이 늘 지켜보고 있다는 생각, 부끄러운 인생을 살지 말아야 한다는 마음이다. 한 사람의 선한 행동이 이렇게 많은 사람의 삶에 영향을 줄 수 있구나. 화면 속에서 백발이 성성한 선생이 속지가 다 해진 오래된 양복을 입고 구부정하게 걷는다. 그 사람의 인생을 모르는 사람이라면 그저 지나가는 노인으로 보이겠지만 그는 어떤 명품보다도 빛나는 사람처럼 느껴졌다.

   김장하 선생은 가정 형편이 어려워서 중학교를 간신히 졸업한 후, 친구들이 학교에 다닐 때 낮에는 일하고 밤에는 책을 읽으며 혼자 공부를 하셨다고 한다. 좋은 책은 평생 마음속에 남아 인생의 나침반이 되어준다. 특히 지금처럼 경쟁이 치열하고 스트레스가 많은 사회에서 책은 마음을 정화하고 감성을 키우는 훌륭한 매개체가 될 수 있다. 어린이들이 매 순간 무엇이 옳은 일인가 생각하고 현명하게 행동하고, 양심을 가진 어른으로 성장하길 바란다. 마음에 남을 좋은 책을 만나고 삶의 방향을 찾는 일에 내가 조금이라도 도움을 줄 수 있다면 내 남은 생도 의미가 있지 않을까? 기업인이자 작가이자 강연자인 김미경 선생은 어른의 성장이란 내 시선을 따뜻하고 올바르게 갖기 위한 것이라고 했다. 어린이들의 생각에 귀 기울이고 소통하는 과정에서 나 역시 타인을 이해하고 포용하는 힘을 키워나갈 수 있을 것이다. 적어도 다름을 틀린 것으로 여기는 꼰대 노인만은 되지 않았으면 한다. 몇 년 전에 무루 작가의 『이상하고 자유로운 할머니가 되고 싶어』를 읽으며 나도 그런 할머니로 늙어가고 싶다고 생각했었는데 지금 정말로 그런 꿈을 꾼다. 남들보다 늦었지만, 중요한 것은 속도가 아니라 방향이므로.

저녁에 아들과 마트에 갔다가 돌아오는 길이었다. 길가에 진한 아카시아 향기가 풍겨왔다. 그득하게 풍겨오는 꽃향기에 내 마음이 향기로워졌다. 낮에 지인이 카톡으로 요즘 산에 아카시아 향이 가득하다고 산책 삼아 다녀오라고 말했던 것이 생각났다. 밤이 되니 그 향기가 산 아래 도로까지 퍼지고 있나 보다. 아파트 맞은편 산속 어딘가에 아카시아 군락지가 있겠지 싶은데 향기의 근원이 어디인지 고개를 돌려 둘러봐도 어두워서 아무것도 보이지 않는다. 보이지 않는 곳에서 이 길을 지나는 모두에게 향기를 풍기는 아카시아. 김장하 선생과 닮았다는 생각이 들었다. 우리 사회는 평범한 사람들이 지탱하고 있는 거라고 하셨던 김장하 선생의 말씀이 머릿속에서 맴돌았다.

아끼는 마음이 자신을 초과하는 사람.
그래서 타인과 타자에 대해 애정과 연민을 느끼며 마음을 나누는 사람.
그리고 그걸 바라보는 어린아이의 마음속에 흐릿한 흔적을 남기는 사람.

········· 무루, 『이상하고 자유로운 할머니가 되고 싶어』

5
엄마의 꿈

(나윤영)

　눈이 펑펑 오던 어느 겨울날, 아이들에게 기억에 남는 하루를 만들어 주고 싶었다. 모처럼 학교를 안 보내고 함께 눈밭에서 뒹굴며 놀기로 했다. 아이들과 눈싸움을 신나게 하고 들어와 남편이 끓여 둔 어묵탕으로 몸을 녹인 후 다 같이 눈사람을 만들었다. "엄마는 꿈이 뭐야?" 첫째 딸이 물었다. "엄마의 꿈은 너희들이 행복한 거야."라고 하니, 예상치 못한 대답이 돌아왔다. "엄마, 왜 그런 꿈을 꿔? 우리는 이미 행복하니까 그런 꿈은 안 가져도 돼."라고. 코끝이 찡했다. 그리고 아이의 말에 놀랐다. 어릴 적 나의 행복은 오로지 부모님께 달려있었는데…. 나의 행복은 언제나 남에게 달려있었나 보다. 남편으로 인해 불행해했고, 사이가 좋지 못했던 때였기 때문이다. 그런데도 아이는 스스로 행복해하고 있었다. 그것이 아니라면 속이 깊은 딸이 엄마의 마음을 알고 그렇게 말해준 것인지도 모르겠다. 두 아이는 해맑은 미소를 보였고, 참 단단해 보였다.

유년 시절부터 따뜻하고 행복한 가족을 간절히 꿈꾸었다. 학교에서 꿈을 적어낼 때마다 '아나운서'를 썼지만, 사실 부모님이 좋아하실 거라는 마음에서 비롯된 것이었다. 마음을 말할 곳 하나 없는 차가운 공기만 감돌던 우리 집. 아버지가 언제 화내실지 몰라 늘 불안에 떨었고 어머니의 관심을 항상 받고 싶어 했다. '나도 집에서 따뜻함을 느껴봤으면 좋겠다.'

한때는 나의 노력에 부모님의 표정이 바뀔 수도 있다 생각했었다. 부모님을 웃게 해드리고 싶고 인정받고 싶어 꽤 노력했던 것 같다. 어머니를 더 안아드리고 사랑 표현하고, 숙제를 해놓고도 잘하려고 다시 하면서 밤을 새우고 상을 가져다 드릴 생각을 하는 일들은 어쩌면 나를 위한 게 아니었다. 하지만 점차 알게 된 것은 그런 수고들이 헛된 것이었다는 것이다. 무력감을 느끼는 시간이 지나 부모가 되고 가족을 이루며 우리 아이들만큼은 행복하게 해주겠다고 다짐했다. 그저 시간을 버티어 내며, 철저하게 나보다는 아이들을 생각했던 것 같다. 마음의 힘이 좀처럼 나지 않고 눈물만 나왔던 시절, 육아서들을 공부하며 실천하려 애썼다. 애착 형성을 위해 태어나서 3년간 엄마 냄새를 맡아야 한다기에 잘 내려놓지도 않고 품에 늘 안고 잤다. 아이가 혹시라도 불안을 느낄까 봐 상호작용을 빠르게 하려고 노력했다. 아이의 행동이 간혹 마음에 들지 않아도 참고 억지웃음을 지었다. 아이에게는 엄마가 세상에서 가장 가까운 존재이자 보호막이기에. 연약한 아이들이 웃을 수 있기만을 바랐다. '나는 조금 힘들어도 돼.' 엄마는 그렇게 살아야 하는 줄 알았다. 그리고 그렇게

'엄마'로 살아내었다.

  이제는 아이들을 재우고 나면 작은 내 책상에 앉는다. 책상 위에 놓인 건 오직 성경책이다. 하루를 마무리하며 기도하고 식구들이 잠에 방해되지 않을 정도의 소리로 성경을 낭송한다. 우리 가족들을 안전하게 지켜달라는 그리고 주변의 사람들을 더 사랑하게 해달라는 나의 마음을 담아서. 기도하면서 내 안을 들여다볼 수 있다. 오늘의 하루를 돌아보는 시간이다. 힘이 들 때면 이 시간이 더욱 필요하다. 조용히 기도하는 일이지만 나에겐 가장 큰 기쁨의 시간이다. 딸이 말했던 것처럼 이제는 아이들의 행복을 바라지 않는다. 나에겐 믿음이 있고 아이들 스스로 잘해 나갈 것을 알기 때문에. 이제는 나의 꿈, 또 다른 꿈을 향해 나아가는 사람이 되고 싶다. 내 안의 작은 불씨를 틔워 언젠가는 삶이 버거운 누군가를 돕는 사람, 베푸는 사람이 된다면 좋겠다.

  많은 고비를 넘기며 결혼한 지 14년이라는 시간이 흘렀다. '엄마의 꿈'이 이루어진 것일까. 아이들에게 억지로 애쓰지 않아도 자연스럽게 웃고, 나에게 또 우리 부부에게 편안한 시간이 찾아왔다. 이제 우리 가족은 어떤 일이든지 함께 하는 것을 당연하게 생각한다. 힘든 일도 행복한 일도 가족이란 함께 경험하는 것. 거리를 걸으며 소소한 물건을 구경하는 것, 아이스크림 든 붕어빵, 보기만 해도 사고 싶은 알록달록한 가방. 아주 예전에 남편과 둘이 걷던 북촌의 한 거리를 아이들과 함께 걸으니, 감회가 새로웠다. 이젠 업어줄 수 없을 만큼 생각도 자란 아이들의 이야기를 듣고 웃다 보니 이제는 두 아이랑 가장 친한 친구처럼 느껴진다. 중학생이 된 첫째 딸은 어떤 이야기를 해도 잘 통한다. 아직은 사춘기가 아닌 듯 반항기 하나 없이 순한 딸은 남편과 사이가 좋아지고 나서 더욱 밝아졌다. 홀린 듯 들어간 옷 가게에서 이제는 나와 키가 같아진 딸에게 옷을 대보며 "나보다 훨씬 예쁘네." 하고 웃었다. 나에게 어울리는 옷이 있다며 남편이 위아래로 통 크게 사주기도 했다. 그동안의 고생에 대한 선물이었을까. 고즈넉한 한옥 사이사이를 걷다 보면 볼 수 있는 한복 대여소, 레트로 느낌의 이발소, 방앗간, 문방구 우리가 어릴 적 흔히 동네에서 보았던 것들이 어린 시절의 나를 떠오르게 했다. 세월의 흔적들이 새겨진, 오래된 공간처럼 가족들의 행복 안에는 우리만의 추억이 자리 잡고 있다. 그 기억에는 어둡고 아픈 순간, 절망, 감동한 일, 기쁨 모든 것이 공존하기에 더욱 진하고 두텁다. 그렇게 거리거리는 모든 시간을 다 담고 있다. 우리 부부가 겪어온 시간은 추억이 되어 눈빛으로도 '당신도 내 마음 알지?'라고 이야기하는 것 같았다.

"사진 좀 찍어주세요." 모르는 이에게 부탁한 우리 넷의 가족사진은 누가 보아도 참 행복한 가족의 모습을 하고 있었다. 그렇게 사진 속 한 페이지를 넘긴다. 서로의 역사가 담겨 있는 옛 사진처럼 이제까지 견뎌온 시간이 지금이라는 순간을 더 빛내고 있었다. 내가 꿈꿨던 행복한 가족은 생각처럼 단번에 이루어지는 게 아니었다. 더 이상 변하지 않을 것만 같아 낙심했던 시간은 이제 지나갔다. 서로를 잘 몰라 오해하고 싸웠던 수많은 고통스러운 시간을 겪으며 조금씩 행복한 방향으로 변해 온 것이다. 누군가 생각하는 그 행복이 설렘 같은 거라면 그보다 훨씬 진한 희생이 담긴 행복이다. 이룰 수 없을 것 같았던 꿈이 이뤄졌듯이 이 글을 읽고 있는 누군가도 알지 못하는 사이에 이미 꿈이 이루어진 것은 아닌지. 그렇게 되기를 소망한다.

우리는 자기가 하고 싶은 것을 다 내주고 부모라는 거룩한 타이틀을 얻는다. 세상에서 가장 무겁고 가장 자랑스러운 직함이다.

·········· 강인숙, 「글로 지은 집」

6
시골길 밤 산책

(남보라)

 시골의 저녁은 어둠이 빨리 내려온다. 항상 저녁을 먹고 산책하곤 하는데, 시골길은 가로등이 없어서 손전등이나 핸드폰 플래시가 필수다. 하지만 어머니는 그 어두운 길을 아무렇지도 않게 걸어 다니신다.
 그래서 한 날은 어머니께 여쭈었다.
 "어머니, 불도 없는데 잘 보이세요? 무섭진 않으세요?"
 "하나도 안 무서운데. 너도 지금은 좀 무섭겠지만 눈이 어둠에 적응하면 길이 서서히 보일 거고, 곧 익숙해질 거야."
 그렇다. 겁이 많은 내게는 처음부터 쉬운 일은 아니었다. 손전등이 없으면 눈앞이 어질어질하고 두려운 마음이 커졌다.

 집 앞은 온통 논과 밭이다. 논과 논 사이로 둑길이 있고 바로 옆에 수로가 있다. 모내기 준비로 바쁜 이 시기에 둑길은 트랙터가 많이 다니는

데 트랙터가 지나간 자리엔 논에서 달려온 진흙으로 엉망이 된다. 그 위에 비가 오면 한층 더 위험한 길이 되고 만다. 그러니 항상 긴장하며 조심히 걸어야 한다. 그날도 비가 내린 후였다. 남편에게 미끄러우니 제발 조심해서 걸으라며 잔소리만 몇 번을 했는지 모른다. 그런데 사건은 정작 나에게 생겼다. 잠깐 집중력을 잃은 순간 제대로 미끄러졌다. 다행히 넘어지진 않았지만, 마침 멈춰 선 곳이 수로 앞이었다. 낙차가 큰 곳이라 까딱 잘못했으면 떨어질 뻔했던 것이었다.

"내보고 그렇게 조심하라더니 니가 미끄러지면 어떡하노!"

그렇게 말하는 남편의 얼굴에는 살짝 놀리는 듯한 미소도 서려 있었다. 평소라면 눈을 흘기며 화를 냈겠지만, 그 순간은 놀란 가슴과 찔끔 흘러나오는 눈물을 진정시키기에도 바빴다. 시간이 좀 지나니 웃음이 터져 나왔다. 남편 앞에서 민망하기도 했다. 이 일을 교훈 삼아 다시는 미끄러지지 않겠다며 훈장 같은 그 발자국을 인증샷으로 남겨놓아 보았다. 덕분인지 더 조심스레 발을 딛게 되어 그날 이후 아직 넘어지거나 미끄러진 적은 없다.

벌레를 유독 무서워한다. 벌레를 좋아하는 사람은 별로 없기는 하겠지만 나는 유난스럽다고 할 정도로 보기만 해도 기겁한다. 집안에서도 크든 작든 벌레가 보이면 일단 울음 섞인 소리부터 지른다.

"으악, 오빠 벌레 좀 잡아줘!"

그러고는 온몸에 소름이 돋은 채로 남편 뒤에 숨어버린다. 논과 밭과 산에 둘러싸여 무수히 많은 벌레의 공격을 받을 수밖에 없는 산책길을, 그런 내가 걷고 있다. 그런데 벌레들이 같이 가는 어머니나 남편은 그냥 피해 가고 나한테만 오는 거 같다. 분명 벌레도 내가 무서워하는 걸 알고 있는 눈치다. 그래서 항상 나는 선캡을 눌러쓰고 부채까지 손에 꼭 쥔 후 산책에 나선다. 밝을 때는 그나마 버틸만하다. 문제는 해가 지고 난 뒤이다. 형체를 알 수 없는 날벌레가 '탁!'하는 소리와 함께 내 얼굴로 날아든다. 옆에 누가 있든 없든 상관없이 "아야!"하고 외마디 비명을 지르고 만다. 잘 보이지 않으니 그 순간의 섬뜩함과 공포는 이루 말할 수 없다. 거세게 날아드는 탓인지 통증마저 있다. 빨리 집에 들어가고 싶은 마음뿐이다. 옆에 걷고 있는 어머니나 남편이 해줄 수 있는 것도 없고 오로지 나 혼자만의 싸움이다. 그러다 결국, 몸이 안 좋다는 핑계로 먼저 돌아섰다. 부채를 든 손을 휘저으며 황급히 돌아가는 길, 맞은편에서 반려견과 산책 중인 이웃이 어렴풋이 보였다. 이미 가는 길에 한 번 마주쳐서 인사를 했던 사람이라 아는 척을 다시 할까 말까, 눈치를 보며 땅만 보고 걷던 중이었다. 그 순간, 벌이라도 주듯 날벌레 한 마리가 내 귀에 와서 꽂힌다.

"으갸악!"

마주 오던 이웃도 당황한 듯 멋쩍게 웃고 있다. 민망해진 나도 어색한 웃음을 지으며 고개를 살짝 숙여 인사를 건넸다. 아직 집까지는 15분은 족히 남았는데 두려움에 몸이 떨렸다. 나를 비웃기라도 하듯 3~4번은 더 공격당하고서야 겨우 집에 당도했다. 나아지기는커녕 밤 산책이 조금 더 무서워질 뿐이었다.

하지만, 생각해 보면 무섭고 두렵기만 한 것은 아니었다. 높은 건물이 없으니 훤히 보이는 달과 쏟아질 것 같은 무수한 별들이 언제나 반겨주고 있다. 아는 별자리는 몇 개 없지만, 가만히 서서 매일 손으로 그려본다. 손에 닿지도 않은 저 먼 곳 반짝이는 별들이 마치 위로가 되어주는 것만 같다. 그래서인지 무섭다 무섭다고 하면서도 밤 산책을 멈출 수 없다.

문득 그런 생각이 들었다. 어쩌면 '시골길 밤 산책'은 현재 내 인생을 조우하는 것과 같다는. 아버지가 돌아가시고 마주한 새로운 삶은 어두운 밤과 닮았다. 그 현실에 가끔은 미끄러지고 두려움에 벌벌 떨기도 한다. 남들이 다 자는 새벽 시간, 혼자 몰래 눈물을 훔치는 나날들도 있다. 동 트기 전 새벽이 가장 어둡다고 하지 않는가. 언젠가는 어둠에 적응된다는 어머니의 말씀처럼 머지않아 굳건하게 다시 일어날 수 있을 거로 생각한다. 그리고 그 어떤 힘든 순간에도 저 밤하늘의 별처럼 나를 이끌어주고 굳건하게 지켜주는 가족들이 곁에 있다. 그것만으로도 얼마나 큰 위안이 되는지 모른다.

밀양으로 내려오기 전 꾸었던 꿈은 잠시 접어두기로 했다. 현재 나의 가장 큰 목표는 낯선 삶에 적응하며 살아가는 것이다. 아버지처럼 폭발적인 추진력도 없고 결단력도 없다. 무슨 일을 하든 몇 번의 고민 끝에야 용기 내어 행동으로 옮긴다. 하지만 아버지도 처음부터 쉽진 않았을 것이다. '가장'이라는 이름의 무게 아래, 어둡고 거친 길을 똑같이 걸어오지 않으셨을까. 그런 아버지의 길을 따라 걷는다는 것이 힘들고 막막해지는 순간도 있을 것이다. 하지만 앞이 보이지 않는다고 주저앉아 울고 있을 여유도 없다. 정 힘들면, 칠흑 같은 어둠 속에 더 빛나는 별들을 바라보며 묵묵히 용기 내 나아갈 뿐이다. 언젠가는 아버지의 발자국을 밟을 수 있게 되길 간절히 바라며.

어둠 속에서도 행복을 찾을 수 있어요. 단, 불을 밝히는 것을 잊지 않는다면요.

········· J.K. 롤링, 『해리포터와 아즈카반의 죄수』

7
다시 꾸는 꿈, 동행

(유하나)

    몇 해 전, 같은 동네에서 네트워크 사업을 열정적으로 하던 언니가 어느 날 불쑥 내게 물었다. 너는 꿈이 뭐냐고. 순간 그 질문이 너무 갑작스럽고 당혹스러웠다. 꿈이라니. 언제부터인가 마음속에서 그 단어는 사라진 지 오래였다. 마흔이 넘은 나이에 누군가에게 꿈을 말해야 한다는 상황 자체가 어색했다. 오랫동안 그런 질문을 받아본 적이 없었다. 그렇기에 질문은 무겁게 다가왔다. "언니는 꿈이 뭐예요?" 언니는 기다렸다는 듯 말했다. 자신이 속한 네트워크 회사에서 성공하는 것, 그게 자신의 꿈이라고 했다. 그리고 한 마디를 덧붙였다. "꿈이 없는 삶은 죽은 삶이야." 언니는 꿈이 없는 나에게 왜 꿈을 꿔야 하는지, 그 꿈을 어떻게 이룰 수 있는지 열변을 토했다. 나는 마치 꿈을 강요받는 기분이었다. 동시에 꿈이 없는 삶은 죽은 삶이라는 말이 오래도록 마음에 남았다. 꿈 없이 사는 건 정말 죽은 삶일까? 지금까지 살아온 나의 날들이 정말 그렇게 무의미

한 것이었을까? 언니의 질문은 생각보다 더 깊은 곳을 건드렸다. 처음엔 고개를 저었다. '꿈이 다 뭐야. 그냥 잘 살면 됐지.' 가족을 지키고, 아이를 키우고 일하면서 하루하루를 무사히 살아내는 게 얼마나 벅찬 일인가. 그걸로도 충분하다며 다독였지만, 시간이 지날수록 마음 한편이 계속 불편했다. 나는 언제부터 삶을 감당하는 데만 집중했을까. 생계를 위한 선택 속에서 내가 진짜로 원하는 삶은 무엇이었을까. 꿈을 운운하는 언니의 그 질문 하나로 오랫동안 꺼내지 않았던 내 안의 무언가가 흔들리기 시작했다.

어린 시절, 나는 선생님이 되고 싶었다. 어른들이 장래 희망을 물어보면 자연스럽게 대답할 수 있었던 시절, 꿈이란 건 언제가 이루어질 수도 있다고 믿으며 마음이 부풀었던 시절이었다. 하지만 어른이 된 후, 꿈은 점점 구체적이지도 현실적이지도 않았다. 꿈을 좇기보다 늘 닥친 현실에 먼저 부딪혀야 했다. 결혼 전에는 유학을 가고 싶다는 막연한 바람이 있었다. 결혼 후에는 영어를 잘하고 싶었다. 어린 시절 선생님이라는 꿈과 나의 막연한 바람들은 경제적인 필요와 결합하였다. 내가 찾은 타협점이 바로 영어 강사가 되는 것이었다. 물론 그 일은 나에게 의미 있는 시간이기도 했다. 하지만 영어 강사는 꿈이라기보다는 생존하기 위한 수단이었다. 일을 잘하고 싶어 열심히 했지만, 그보다 먼저 버텨내야만 했다. 언젠가부터는 내 삶에서 하고 싶다는 말보다 해야만 한다는 말이 먼저 나왔다. 나는 15년 이상을 해냈고 마흔 중반을 훌쩍 넘긴 지금 겨우 그 일을 내려놓을 수 있었다. 아이를 다 키운 것도 아니고 경제적 여유가 생긴 것도 아니지만 나를 다시 들여다보지 않으면 안 되겠다는 절박한 마음으로 멈추기로 했다. 요즘 나는 삶을 돌아보고 있다. 이제는 또다시 무엇을 하며 살아야 할까. 내가 진짜 원하는 건 무엇일까. 질문은 계속 쏟아지는데 뚜렷한 답은 없다. 한동안은 미래에 대한 불안함으로 힘들었다. 다시 뭔가를 시작해야 한다는 압박과 계획이 없다는 초조함, 무언가를 성취해야만 가치 있는 삶인 것처럼 여겨지는 세상의 시선들. 그 속에서 나는 또다시 나를 채찍질했고 그러다 어느 순간 이런 생각이 들었다.

삶은 어떤 방식으로도 미래를 보장해 주지 않는다는 것을. 아무리 준비하고 애써도 생각한 대로 흘러가지 않는다는 것을. 이제 조금 다르게 살아보고 싶었다. 더 멀리 보려고 애쓰지 않기로 했다. 우연히 만난 사람들, 우연히 흘러든 장면들 속에서 흘러가는 대로, 자연스럽게 살아보는 것이다. 이렇게 살다 보면 어쩌면 지금은 보이지 않는 나만의 길이 천천히 나타나지 않을까. 나는 여전히 자아실현에 대한 뚜렷한 꿈이 없다. 그게 불가능해서인지, 두려워서인지 아니면 아직 준비되지 않아서인지 모르겠다. 대신 다시 처음부터 기억을 되돌려본다. 어렸을 때 품었던 꿈을 다시 떠올리다 보면 그 안에 아직 말로 다 하지 못한 진짜 마음이 숨어 있을지도 모른다. 세월이 지나면서 잊고 있었던 감정과 호기심의 조각들을 따라가다 보면 어쩌면 지금 내가 진정으로 원하는 것이 무엇인지 선명해질 거다. 잃어버린 꿈을 찾는 길이 곧 나 자신을 다시 발견하는 길일지도 모르겠다.

생각해 보니 아주 오래전 나에게도 꿈이라고 부를 수 있는 것이 하나 더 있었다. 지구본을 돌리며 손가락을 대고 이 나라는 어떤 곳일지 상상하던 어린 시절이 떠올랐다. 배낭을 메고 기차와 버스를 타고 국경을 넘는 장면을 머릿속에 그려보며 심장이 뛰던 때가 있었다. 나는 세계를 여행하는 모험가가 되고 싶었다. 언제부턴가 내가 원하는 것들은 어른이 된 후 바쁘게 살아내는 삶 속에서 희미해졌다. 하지만 이제 그때 품었던 오래된 꿈을 다시 꺼내 가족과 함께 이어가고 싶다. 우리 가족 모두는 각자의 속도로 살아왔다. 나와 남편은 일과 생계를 챙기느라 늘 바빴고, 아이들은 아이들대로 과제와 시험, 친구들과의 관계 속에서 나름의 속도를 내고 있었다. 그렇게 하루하루를 살다 보니 서로의 얼굴을 마주할 시간조차 부족했다. 함께 산다고는 하지만 마음은 종종 스쳐 지나갔고 오해가 쌓이기도 했다.

며칠 전 잠시 하던 일을 내려놓고 동네 산책길을 가족과 함께 천천히 걸었다. 집 앞 산책길로 나서면 먼저 들려오는 건 자전거 바퀴 소리와 아이들의 웃음소리다. 산책로를 따라 심어진 나무 아래를 남편과 나란히 걷고 아이들은 앞서가다 어느새 다시 내 옆으로 달려왔다. 막내는 손에 들고 있던 꽃송이 하나를 자랑하듯 내밀고 큰아이는 새로 알게 된 학교 이야기를 조잘조잘 털어놓았다. 그렇게 말이 오가기도 하고 잠시 아무 말 없이 하늘을 올려다보기도 했다. 저녁 햇살은 나뭇잎 사이로 부드럽게 내려앉고 바람은 살갗을 간질이며 하루의 고단함을 씻어주었다. 가로등이 하나둘 켜질 무렵, 우리는 동네 작은 편의점에 들러 아이스크림을 하나씩 골랐다. 아이들은 벤치에 앉아 서로 아이스크림을 한 입씩 나눠 먹고, 나는 그런 모습을 바라보며 미소 지었다. 예전엔 더 멀리 더 많이 이루는 것이 꿈이라고 믿었다. 하지만 지금은 안다. 이렇게 손을 잡고, 함께 걷고, 오늘 하루를 따뜻하게 보내는 일이야말로 내가 오래도록 바라 왔던 진짜 꿈이었다는 걸. 집 앞 산책길도 사랑하는 가족들과 함께 걷는 순간 여행이 되고 말없이 나란히 걷는 그 시간 안에 우리가 놓치고 살았던 것들이 되살아난다. 내 꿈은 이제 지금 여기에 있다. 아이들이 웃던 소리, 남편과 함께 맞잡은 손, 그리고 저녁 바람의 감촉 속에 있다. 소박하지만 분명한 꿈. 그것은 더 멀리 나아가는 일이 아니라 지금, 이 순간을 함께 살아내는 일이다.

> 나는 밤에만 꿈꾸는 게 아니라 하루 종일 꿈을 꾼다. 나는 살아가기 위해 꿈을 꾼다.
>
> ········· 스티븐 스필버그

8
쓰고 싶을 만큼
찬란한 순간은 언제였나요?

장인실

    취재차 청계산 계곡을 찾았다. 새로 단장된 돌계단은 맑은 얼굴로 사람들을 기다리는 듯 고요했고, 그 옆을 흐르는 물줄기는 유난히 단정하고 말갛게 빛나고 있었다. 최근에 비가 오지 않아서, 비교적 하류인 이곳에는 물이 그리 많지는 않았다. 하지만 휴일답게 계곡은 사람들의 웃음소리로 활기를 띠고 있었다. 깊지 않은 물가에서는 고등학교 1학년 정도로 보이는 남자아이 셋이 뜰채를 들고 고기를 잡고 있었다. 한 번 뜰채가 휘저은 자리마다 물은 금세 흙탕물로 변했다. "와, 잡았다!"라는 외침에 카메라를 들고 있던 손을 멈추었고, 나도 모르게 그 소리에 이끌려 시선을 돌렸다. 손가락 첫 마디 정도 되는 작은 물고기 하나가 투명한 어항 속으로 조심스레 옮겨졌다. 시간이 거꾸로 흐른 듯, 오래된 여름날 한가운데 선 듯한 풍경이었다.

    조금 떨어진 물가에, 캠핑용 의자를 펴고 앉아 있던 60대로 보이는 부부가 눈에 들어왔다. 흙탕물 속 돌멩이를 하나 들어 올리더니 그 안에서 작은 다슬기 새끼를 꺼내 들었다. 거리가 있어 처음엔 잘 알아보지 못했지만, "소라예요! 너무 귀여워요!" 하고 외치는 아이들 소리에 나는 조용히 다가가, 그 장면을 렌즈 너머로 바라보았다. 부부는 "소라가 아니라 다슬기란다."라며 아이들의 말을 정정해주고, 내게 다슬기를 손바닥에 올려 보여주었다. 작은 생명 하나가 손 위에서 조용히 꿈틀거렸다. 사진을 몇 장 더 찍은 뒤, 계곡물을 따라 상류로 이동했다. 주차장 바로 옆에 자리한 이 계곡은 접근이 쉬워서, 물이 고인 잔잔한 웅덩이마다 캠핑용 의자에 앉은 어른들이 발을 담그고 있었고, 아이들은 레쉬가드를 입은 채 여름의 물살을 따라 신나게 뛰놀고 있었다.

    나는 물이 흘러 내려오는 방향과 반대쪽으로 걸었다. 돌 틈 사이로 흐르는 물소리를 들으며 동영상을 찍던 중, 이끼로 덮인 바윗돌을 지나 한 발짝 올라선 순간이었다. 누군가 시냇물 위에 야생화 한 다발을 살짝 놓고 간 듯, 여름 들꽃들이 물 위를 유유히 떠내려가고 있었다. 하얀 개망초, 보랏빛 자운영, 괭이밥과 애기똥풀. 소담스럽고 수수한 여름 들꽃들이 작은 물결에 실려 흐르는 모습이 자연의 선물 같았다. 돌멩이 몇 개를 움직여 들꽃들이 시냇물을 따라 흘러가게 두었다. 유영하며 흘러가는 쑥부쟁이를 오래 바라다보았다.
    관찰이란 그것은 마음을 들여다보는 일이며, 나와 존재 사이의 말 없는 대화다. 새벽이면 이슬을 머금은 나뭇잎 하나가 햇빛을 받아 투명하게 반짝인다. 그 순간, 고요하게 자연은 자신의 존재를 드러낸다. 꽃잎 하나가 펼쳐지는 모습에도 생의 찬란함이 담겨 있다. 그런 모습을 오래 바라보다 보면 마음이 잔잔해지면서 글을 쓰고 싶어진다. 내가 글을 써야 하는 이유는 그것이다. 내 안에서 잠시 반짝였던 감각이 사라지기 전에, 그 감각을 지금 여기에 붙잡아 두기 위해 쓴다. 내면의 깊어지는 순간이다.

산책 또한 깊어지는 시간이다. '어떤 삶을 살아갈 것인가'에 대해 고민해 보는 시간이다. 이 의문은 나의 글과도 연관된다. 결국 작가는 자신이 사는 대로 글을 쓴다. 좋은 글을 쓰려면 좋은 삶을 살면 된다. '좋은 삶'에 대해 생각해 본다. 빛과 실처럼 언어로 이어진 사람들 속에서 그 언어로 사랑을 쓰고 싶다. 그러면 구체적으로 들어가서 '어떻게'라는 의문이 들게 마련이다. 빛과 실 같은 언어로 이어지려면 지금 나의 고립된 관계는 타당치 않다. 결국 언어라는 것도 타인과의 소통을 통해서만 그 가치를 지닌다.

어젯밤, 성당 구역장 회의에 참석했다. 그분들과의 인사는 그저 오고 가던 눈빛 정도였다. 서로의 이름을 알고는 있지만, 마음을 아는 사이는 아니었다. 그 자리는 어쩌면, 나에게 낯섦의 가장자리를 걷는 시간이었다. 말은 공허했고, 침묵은 무거웠다. 나는 자꾸만 손에 쥔 핸드폰에 시선을 두었다. 그 낯섦을 상쇄하려는 무의식적 몸짓이었다. 책을 읽고 사유의 길을 느릿하게 거닐며 그 순간을 다시 떠올렸다. 관계가 깊어진다는 건, 그저 오래 알고 있다고 해서 되는 일이 아니구나. 함께 시간을 보내고, 말의 빈틈을 감내하고, 어색한 침묵조차도 버티며, 조금씩 서로의 마음 곁에 머무는 일이구나. 속도는 그 모든 과정을 생략하게 만든다. 나는 느리게, 그리고 깊게 사람을 만나고 싶다. 관계는 시간을 먹고 자란다. 마치 단단한 뿌리를 내리기 위해 토양 속 어둠을 오래 견디는 식물처럼. 빛이 닿지 않는 순간들을 함께 견딘 사이만이 진짜 따뜻한 대화를 나눌 수 있다. 누군가와 조금 더 가까워지기 위해, 말보다 마음이 먼저 닿는 법을 배우기 위해 쓴다.

문장의 끝을 따라 끝없는 산책을 한다. 그 산책은 블로그 〈fiore의 북카페〉에 에세이로 피어나고, 서평이라는 이름의 또 다른 시도로 남겨진다. 시 소속 기자로 세상의 이면을 들여다본다. 한 편의 단편소설이 브런치 서랍에도 남아 있다. 글을 쓰기 시작하면서 나는 내 삶의 본질을 마주하게 되었다. 시간이 없다는 현실. 그리고 그 시간조차 유한하다는 사실. 그 감각은 마치 손끝에 꽉 끼워진 골무 같았다. 작고 단단한 경계 안에서 나는 자유롭지 못했다. 내 시간이 나의 것이 아니라, 누군가의 일정에 맞춰 조각난 채 흩어져 있었다. 가족이라는 이름은 나를 따뜻하게 품었지만, 동시에 미세하고 끈끈한 거미줄처럼 나를 얽었다. 애정이든 의무든, 나는 그 안에 갇혀 있었고, 움직일 수 없는 존재 같았다. 그런데 벗어나고 싶었던 바로 그 관계가, 내 존재의 방향을 정해주었다.

 글을 쓰고 싶은 마음은 갑자기 찾아온 게 아니었다. 오랜 시간, 마음 깊은 곳에서 고요히 차오르고 있었던 무언가가 삶의 압력 속에서 비로소 터져 나온 것이었다. 결혼 전 영어를 가르치고 밤이면 지친 몸을 이끌고 늦은 귀가를 하곤 했다. 그 시절 나의 삶은 회색빛이었다. 퇴근 후 누구와도 말하지 않고, TV 화면만 바라보다 잠들었다. 꿈은 사치였다. 버티는 하루가 반복될 뿐이었다 그 시절의 나는 매슬로의 욕구 피라미드 맨 아래에 있었다. 생존이 전부였다. 그러나 이제, 나는 피라미드 가장 위에 손을 뻗고 있다. 나를 증명하고 싶다. 아이를 키우면서 나는 '엄마'가 되었고 놀랍게도 그 안에서 '나'라는 존재를 처음 발견했다. 누군가는 아이가 생기면 자아를 잃는다고 하지만, 나는 그 반대로 자아를 되찾았다. 내 시간은 여전히 부족하고, 조용히 글을 쓸 수 있는 공간은 늘 간절하다. 그러나 이 삶은 결코 나를 억누르기만 하는 거미줄이 아니었다. 어쩌면 그것은, 나를 지탱하는 보이지 않는 실이었는지도 모른다. 그리고 그 실을 따라가다 보면, 언젠가는 나만의 문장, 나만의 무늬를 완성할 수 있을지도 모른다. 그것이, 내가 엄마로서 글을 쓰는 이유다.

하루도 빠짐없이 글을 쓴다. '왜 나는 이토록 글쓰기에 진심일까?' 나에게 글쓰기는 페이지 위를 손가락으로 산책하는 것이다. 글 또한 늘 곁에 있어서 우리는 그 가치를 잊고 지내기 쉽다. 하루는 글과 함께 시작되고, 글과 함께 마무리된다. 기운을 여는 아침엔 좋은 문장 한 줄에서도 기쁨의 에너지를 얻는다. 나는 아침의 여린 마음에 상처를 남기기보다는 맑은 감정을 불러일으키는 글로 하루를 여는 쪽을 택한다. 글에는 특별한 힘이 있다. 짧은 문장이라도 그 안에 담긴 세계가 진중하면, 나는 전율을 느낀다. 때로는 존경의 마음마저 생긴다. 글을 쓴다는 건 매 순간 찬란하게 살기 위해서다. 숨이 멎을 듯한 아름다움 앞에서, 이유 없이 가라앉는 저녁 무렵 슬픔의 감각을 글로 살려낸다. 더 내 삶을 사랑하게 된다. 찬란했던 순간들이 많을수록 삶은 아름다워진다. 그리고 묻고 싶다.

당신이 쓰고 싶을 만큼 찬란했던 순간은 언제였나요?

매일 시집과 소설을 한 권씩 읽는다. 문장들이 밀도로 다시 충전되려고, 스트레칭과 근력 운동과 걷기를 하루에 두 시간씩 한다. 다시 책상 앞에 오래 앉아 있을 수 있게.

········· 한강, 「빛과 실」

9
내 마음의 방향

(정가주)

'아차산 등산 난이도는 별 한 개예요. 초보자에게도 쉬운 산이에요.'

친구들이 아차산에 가자고 했을 때 네이버에 검색부터 했다. 나에게 산은 집 앞에 있는 천마산뿐이었으므로. 왠지 비장한 마음으로 가야 할 것 같았지만, 블로그에 적힌 글을 보니 안심이 되었다. 별 한 개라니! 초보자에게 쉬운 산이면 슬렁슬렁 올라가도 되겠다 싶었다.

마음먹고 등산 다닌 적이 없었다. 정상에 올라가 깃발을 꽂고 인증 사진을 찍는 사람들은 나와는 다른 사람이라 생각했다. 산을 오르는 건 나에겐 산책과 같았다. 편안한 운동화를 신고 풍경을 감상하며 어슬렁거리며 오르는 곳. 높이 올라가는 게 목적이 아닌 산은 그저 쉴 수 있는 곳이었다.

아차산을 오르기로 한 그날도 마찬가지였다. 초보자도 오를 수 있는 산이니 뭐. 평소 신던 운동화에 편한 복장으로 가도 되겠다고 생각했다.

급하게 나가느라 지하철을 탈 때까지 아들이 컨버스 운동화를 신고 있는 걸 알아채지 못했다. 바닥이 딱딱하고 조금 헐렁하기까지 한 신발을 신고서 산에 가다니, 이건 아닌 거 같은데.

약속 장소인 아차산역에서 친구들을 만났다. 아이들은 친구 만났다며 산에 들어가기 전부터 에너지를 분출했다. 뛰어가다시피 엄마들을 앞질러 저만큼 떨어져 먼저 걸었다. 천마산보다 돌이 많아 발을 조심조심 디뎌야 했지만, 많이 가파르지 않아서 힘들진 않았다. 연인들, 아빠와 아들, 부부, 가족 단위 등산객들이 많았다. 반려견 두 마리를 데리고 매일 산에 오른다는 부부도 만났다. 아이와 함께 자주 오기에 괜찮겠다고 생각하면서 가벼운 마음으로 걸었다.

"뭐야, 벌써 정상이야?" 정상이 이렇게 쉬운 것이었나. 아차산 정상이라고 쓰인 곳에서 사진을 찍었다. 나도 정상 인증 찍는 사람이라니. 이런 산이면 매주 오를 수 있겠다고 큰소리를 쳤다. 아무래도 그동안 집 앞산에 다니면서 단련된 모양이라고 속으로 은근히 뿌듯해하면서. 평평한 곳에 앉아 미리 챙겨온 컵라면이랑 믹스커피도 마셨다. 아, 이게 등산하고 먹는 커피 맛이구나! 넓은 잔디밭에 돗자리를 깔고 도시락을 먹는 사람들의 표정이 느긋해 보였다. 햇볕은 뜨거웠지만 한낮의 공기는 청명했다. 멀리 잠실 롯데타워가 보였고, 아이들은 바위 위를 뛰어다녔다.

거기서 바로 내려갔다면 좋았을 것을. 우리는 이어진 길을 따라 어느새 용마산 쪽으로 들어섰다. 그때까지만 해도, 금세 내려갈 수 있을 거라 믿었다.

"저쪽으로 내려갔으면 되잖아. 왜 자꾸 올라가?"

더 이상 못 올라가겠다며 내려가자고 투덜거리는 아들을 달래며 이쪽에도 내려가는 길이 있을 거라고 말했다. 운동화라도 편한 걸 신고 올 것을, 낮은 산이라고 너무 쉽게 생각했나 보다. 그런데 내려가는 길은 안 보이고, 오르막길만 나왔다. 생수 파는 아저씨에게 시원한 물을 사서 벌컥벌컥 마시고 지나가는 사람에게 길을 물었다. "이쪽으로 내려가는 길이 있나요?"

갈림길이 계속해서 나왔다. 이정표를 보며 방향을 가늠했지만, 길이 맞는지 알 수가 없었다. 계속 걸어가는 수밖에 없었다. 때로는 잘못 든 길에서 다시 나와야 했고, 이 길이 맞는지 멈춰서 방향을 확인하는 수밖에 없었다. 발바닥에 통증이 느껴졌다. 몸은 무거워졌고, 다리가 후들거렸다.

"여기가 맞는 거야? 아까 저기로 가는 거 아니야?" 짜증이 난 아이들은 덥다, 힘들다, 다리가 아프다 투정을 부렸다. 내려오는 길은 생각보다 멀고 복잡했다. 오르락내리락하며 결국 아차산과 이어진 용마산 정상까지 올라간 것이었다. 하루에 두 개의 정상에 오르다니 이건 기네스북감 아닌가!

무사히 하산한 후 먹은 감자탕과 시원한 막걸리 한 잔이 그날의 피로를 풀어주긴 했지만, 한동안은 다리를 내 맘대로 움직일 수가 없었다.

산에 오르면 늘 이정표 사진을 찍는다. 그저 길을 안내해 주는 표지판일 뿐인데, 그 앞에서는 자꾸 마음이 멈춘다. 아마도 화살표가 흔들리는 내 마음을 대신해 방향을 정해주는 것 같아서일지도 모른다. 어디로 가야 할지 모를 때, 누군가 "이쪽이야." 하고 말해준다면 얼마나 좋을까. 내 마음에도 이정표가 있다면, 나도 그렇게 가리키는 방향대로 따라가고 싶을 때가 많다. 하지만 살아보니, 이정표를 따라간다고 해서 늘 원하는 목적지에 도착하는 건 아니었다. 방향은 맞는데 마음이 찜찜하거나, 마음은 가는데 길이 없을 때도 있었다. 갈림길 앞에선 망설이는 순간이 많았다. 동시에 두 길을 갈 수는 없기에 결국 하나를 선택해야 했다.

이정표는 내 마음 같다. 갈등과 망설임 사이에서 방향을 찾으려 애쓰는, 복잡한 마음. 어떤 길이 맞는지 알 수 없어도 결국엔 하나를 선택할 수밖에 없고, 선택한 길 위에서 최선을 다해 걸을 수밖에 없다. 중간에 포기하고 싶은 마음 들더라도 길을 찾아 계속 걸어야 한다. 그러다 보면 어쩌면 뜻밖의 풍경이 위로해 줄지도 모른다. 길을 잃는다는 건, 새로운 길을 만난다는 말이기도 하니까.

결혼하고 살림으로 스트레스를 받았다. 옷 정리부터 밥하기, 청소하기, 육아하기 등등 살림이라고 말하는 것 안에는 크고 작은 일들이 너무 많았다. 느리고 야무지지 못한 나는 어디서 어디까지, 얼마나 해야 하는지 모르고 우왕좌왕했다. 청소든 요리든 빨래 개기든, 나의 목적은 '얼마나 빨리 이 일들을 끝내야 할 것인가'에 항상 맞춰져 있었고, 끝낸 다음에는 혼자 있는 시간에 여유롭게 할 일을 미리 생각해 두었다. 청소가 끝나는 시간에 아이가 낮잠을 자기 시작하면 그날은 정말 계 탄 날이었다. 그 잠깐의 짬, 적게는 30분에서 두 시간가량이 온전히 내가 되는 시간이었다. 꾸벅 졸기도 한 날도 있었지만 대부분 그 시간에는 하고 싶은 일을 몰아서 했다. 책을 읽거나 신문을 뒤적이거나 한낮의 햇살을 받으며 커피를 뽑아 즐기는 시간이 최고 좋았다. 아이가 깨고 세탁기에서 알림음이 울리면 다시 빨래를 너는, 기저귀를 가는, 저녁 준비를 해야 하는 주부로 돌아오긴 했지만.

40대 초반, 동동거리며 자주 불안해하고 '나는 뭘 잘할 수 있을까?' 생각했던 그때와 달리, 지금은 시간을 좀 더 자유롭게 즐기고 있다. 아이는 이제 내 손이 덜 가는 나이로 성장했고, 살림은 적절하게 내가 할 수 있는 최소한의 일들만 하면서 지낸다. 매일 밥하는 수고를 덜기 위해 이틀에 한 번은 밀키트와 배달과 반찬 가게를 적절하게 이용하며, 아이보다 나를 챙기는 시간을 점점 늘리고 있다.

시간을 내어 읽고 쓰는 일상을 보내는 건 내가 가야 할 방향을 알기 위해서였다. 누가 정해주지 않는 나만의 길을 찾기 위한 시간. 내 안의 나침반을 따라 앞으로 걷다 보면 내가 바라는 모습에 가까워질지도, 어쩌면 정상까지 혼자 오르는 여자가 될지도 모른다.

  매일 읽고 쓰며, 마음속 이정표를 만든다. 누군가 대신 세워주는 화살표가 아닌, 내가 직접 질문하고, 선택하고, 걸어본 흔적이 쌓인 표식이다. 글을 쓰는 시간은 내 안의 복잡한 마음을 들여다보는 시간이고, 책을 읽는 일은 세상의 수많은 길을 간접적으로 걸어보는 일이다. 이정표는 멀리 있는 게 아니라 내가 걸은 자리마다 생겨난다는 걸 이제는 안다.

  초여름 늦은 밤, 아파트 단지를 한 바퀴 걸었다. 매일 똑같은 길을 걸을지라도 숨을 내쉬며 씩씩하게 걷는 내 모습이 좋다. 내가 그리는 별을 향해 오늘도 내 마음의 방향을 묻는다.

> 열심히 살다 보면 인생에 어떤 점들이 뿌려질 것이고, 의미 없어 보이던 그 점들이 어느 순간 연결돼서 별이 되는 거예요. 정해진 빛을 따르려고 하지 마세요. 우리에겐 오직 각자의 점과 각자의 별이 있을 뿐입니다.
>
> ·········· 박웅현, 「여덟 단어」

10
걷고 쓰며, 다시 만나는 나

(최보영)

　무엇 하나에 흠뻑 빠져본 적이 있었던가. 겉으로 말하지는 않았지만, 이 질문은 늘 마음 한쪽에 남아 있었다. 딱히 어딘가로 떠나고 싶지도, 누군가를 만나고 싶지도 않았다. 사람들과의 대화는 점점 피로하게 느껴졌고 자연스럽게 만남도 줄어들었다. 혼자 있는 시간이 많아졌지만, 그 안에서도 '진짜 나'는 좀처럼 보이지 않았다. 오랜만에 만난 친구에게 요즘 지내는 이야기를 털어놓자, 친구는 살짝 놀란 눈치였다.

　"너 그런 사람 아니었잖아. 내가 아는 사람 중에 제일 열심히 사는 사람이 너였는데."

　친구의 말대로 나는 늘 무언가를 하며 살아왔다. 입사한 뒤에도 멈추지 않고 자격증 공부에 매달렸고, 더 나은 직장을 꿈꿨으며, 더 괜찮은 사람을 만나고 싶어 했다. 특별히 '나'를 돌아본 적은 없지만 적어도 멈춘 적은 없었다. 그러다 인생의 동반자였던 사람과 각자의 길을 걷게 되면서, 삶의 흐름이 완전히 멈춰버렸다. 나를 돌볼 의지도, 방법도 몰랐다. 시간만 흘러갔고, 불행하다고 느끼면서도 손쓸 힘이 없었다. 그저 버텼다.

"하…. 재미가 없다, 진짜."

입버릇처럼 중얼거리면서도 빠져나올 길을 찾지 못했다. 예전의 나는 온데간데없고 눈을 뜨면 밥을 먹고 다시 멍하니 시간을 보내다 잠들곤 했다. 아무것도 안 했는데도 피곤했고 이유 없이 답답했다. 친구의 한마디는 마음속 깊이 가라앉았다가도 불쑥 떠올랐다. 걷던 발걸음이 돌부리에 걸리듯, 그 말은 내 생각을 불시에 멈춰 세웠다. 지금 돌아보면 그 말이 내 안의 어떤 지점을 건드려 잊고 지내던 나를 깨웠는지도 모르겠다. 다만 분명한 건, 더는 이렇게 살고 싶지 않다는 마음만은 서서히 짙어졌다는 것이다.

그리고 나서야 아주 작고 조심스러운 변화가 시작되었다. 소파에서 일어나 식탁에 앉는 시간이 조금씩 늘었다. 노트북을 켜고 짧게라도 무언가를 적어보았고, 책을 펼치거나 어제 본 예능이나 드라마에 대한 감상을 블로그에 남기기도 했다. 대단한 변화는 아니었지만, 멈춰 있던 시간에 잔잔한 흐름이 생기기 시작한 것이다. 그렇게 집 안에서의 작은 실천들을 하나씩 쌓아갔다. 그럼에도 하루를 다 버텨낸 뒤엔 여전히 아무것도 하지 않은 듯한 기분이 들 때가 있었다. 내가 멈춰 있는 건지, 세상이 나를 두고 가는 건지 헷갈리고 답답했다. 그 답답함은 몸 안에 계속 맴돌

앉다. 무언가 움직이지 않으면 그대로 주저앉을 것 같았다. 그때 문득, 지금 있는 공간에서 벗어나고 싶다는 생각이 들었다. 그래서 문을 열고 나섰다. 그렇게 시작된 걸음은 느렸지만 분명한 방향이 담겨 있었다. 걷는 동안 숨이 트였고, 엉켜 있던 마음도 조금씩 제자리를 찾아갔다. 처음엔 몸을 일으키는 데만 집중했다. 아파트 단지를 한 바퀴 걷는 것부터 시작했다. 천천히 걷다 벤치에 앉아 아이들이 노는 모습을 바라보고, 체조하는 어르신들의 느린 동작을 지켜보았다. 웃음소리와 음악이 흘렀지만, 나는 그 안에 녹아들지 못했다. 사람들 사이를 유령처럼 스쳐 지나갔다.

그러다 어느 날, 조금 더 떨어진 공원으로 나가보았다. 시선을 멀리 두자, 사람들 대신 풍경에 집중할 수 있었다. 붉게 물든 나뭇잎과 바스락대는 발밑 낙엽 소리가 낯설게 다가왔다. 계절이 훌쩍 바뀌었다는 걸 알아차리고 나서야 내가 얼마나 오래 멈춰 있었는지를 실감했다. "넌 뭘 더 할 수 있는 사람인데." 친구의 말이 다시 떠올랐고, 그 말에 힘을 얻어 한 걸음, 두 걸음 계속 걸었다. 처음엔 의지로 걷고 있었지만 어느 순간부터는 걷는 리듬에 맞춰 마음도 조금씩 정리되는 듯했다.

주말이면 가까운 산에 올랐다. 가파른 오르막을 오를 때는 숨이 턱까지 차올랐다. 하지만 그 고비를 넘기고 나면 머릿속이 투명해지는 기분이었다. 정상에 서서 아래를 내려다보면 흐릿하게 보이던 풍경에 선들이 하나둘씩 생겨났다. 작은 성취감이 오랫동안 닫혀 있던 마음을 조금씩 열어 주었다. 자전거는 접이식 소형을 골랐다. 실어 나르기 편했고, 가고 싶은 곳을 스스로 정할 수 있다는 점이 마음에 들었다. 낯선 골목을 지나 바람 좋은 강변으로 이어지는 길, 그 위를 미끄러지듯 달릴 때면 잠깐이나마 내가 살아 있다는 감각이 또렷해졌다. 걷고, 오르고, 페달을 밟는 동안 나는 내 마음이 진짜 원하는 것을 조금씩 물어보게 되었다. 그리고 아주 작은 대답들이 내 안에서 피어올랐다.

그 무렵부터 나는 글을 쓰기 시작했다. 떠오르는 생각을 가볍게 적어가던 날들이 이어졌다. 말보다 글이 더 편하게 느껴졌다. 처음엔 무슨 말을 써야 할지 몰랐지만, '누가 보겠어?' 하는 마음으로 가볍게 시작했다. 글쓰기에 몰입하게 된 계기는 필사였다. 블로그 이웃이 운영하던 모임에서 하루 한 문장을 따라 쓰다 보니, 내 생각도 자연스럽게 흘러나왔다. 필사는 내면을 들여다보는 시간이 되었고, 그 시간은 점점 길어졌다. 어떤 문장은 눌러두었던 감정을 끌어올렸다. 또 어떤 문장은 잊고 있던 기억을 다시 불러내기도 했다. 사진 없이는 떠올릴 수 없을 줄 알았던 장면들이 문장을 따라 또렷하게 되살아났다. 글쓰기는 하루를 기록하는 일이 되었다. 사소한 순간과 감정을 일기처럼 적으며 나는 나 자신을 조금씩 다듬어갔다. 글쓰기가 생활의 일부가 되자 주변을 바라보는 시선도 달라졌다. 하루를 정리하며 문장을 다듬는 그 시간 속에서 나는 나를 더 깊이 들여다볼 수 있었다. 그렇게 쌓인 시간은 결국 『꾸준한 글쓰기로 이어지는 필사 가이드북』이라는 전자책으로 이어졌다. 전자책을 쓰고 나서 필사 모임을 직접 운영해 보기도 했다. 누군가 앞에 서는 일이 늘 두려웠던 내가 '리더'라는 역할을 맡게 된 건, 내 삶에서 꽤 큰 변화였다. 글을 통해 나를 들여다보면서 나는 이전과는 다른 선택을 할 수 있었다.

어느새 일상의 중심에 '쓰는 일'이 단단히 자리 잡았다. 글을 쓰며 살아가는 지금, 나는 매일 반복되는 시간 속에서 내 안의 경계를 조금씩 넓혀가고 있다. 글을 써볼지 마음을 연 것이 2023년 10월. 그 물음에 몸으로 답한 지도 어느덧 2년이 되어간다. 본격적인 '새벽 글쓰기'는 글을 시작한 지 1년쯤 지난 뒤에야 시작되었다. 출근 전 한 시간, 노트북 앞에 앉는 것부터 시작했다. 쓸수록 전하고 싶은 말은 많아졌지만, 저녁이면 늘 피곤해 집중이 어려웠다. 그러던 어느 날, 얕은 잠에서 깨고 마주한 새벽. 고요한 그 시간이 내게 살며시 말을 걸어왔다. 그때부터 새벽은 나만의 글쓰기 시간이 되었다. 지금은 매일 새벽 두 시간, 글쓰기에 온전히 집중한다. 처음엔 낯설고 적응하기 힘든 시간이었지만, 어느새 가장 소중한 일상이 되었다. 지금도 제한된 시간 안에서 깊이 있는 글을 쓰는 일은 쉽지 않다. 하지만 글쓰기는 산책과 같다. 방향만 있으면 시간에 쫓기지 않고 천천히 걸어도 된다. 멈추고 돌아서더라도, 다시 걸으면 된다. 그렇게 나는 매일 반복되는 글쓰기 시간 속에서 산책하듯 마음이 이끄는 대로 걸어가고 있다.

가끔은 스스로 묻는다. 내가 정말 '쓰는 사람'으로 살아가고 있는 걸까. 때로는 회의감이 밀려오고, 성과 없는 날들 앞에서 흔들리기도 한다. 그런데도 분명히 말할 수 있는 것이 있다. 이제는 예전으로 돌아가고 싶다는 생각이 들지 않는다는 것이다. 쓰는 일, 걷는 일, 그리고 멈추지 않으려는 마음 하나가 나를 다시 살게 했다. 그래서 오늘도 나는, 나를 살리는 한 문장을 찾아 걸음을 멈추지 않는다. 그 길 위에서 만나는 작은 빛들이 내 하루를, 내 삶을 조금씩 채워가고 있다.

나에게 달리기는 단지 운동이 아니라 은유다. 달리고, 또 달리고, 대회를 쌓아가며 조금씩 기준을 높이고, 각 단계를 넘어설 때 나도 함께 올라간다.

……… 무라카미 하루키, 「달리기를 말할 때 내가 하고 싶은 이야기」

에필로그

(권윤영)

책을 좋아하지 않아도, 글쓰기를 즐기지 않아도, 하고자 하는 마음만 있다면 글을 쓸 수 있다는 것을 이 책을 통해 말하고 싶었다. 아이들에게 늘 이야기하듯 잘하는 것보다 포기하지 않고 꾸준히 하는 게 중요하다고 나에게 이야기해주고 싶었다. 혼자였다면 할 수 없었던 글 쓰는 과정, 함께였고 이끌어주는 가주, 인혜 작가가 있어 완성할 수 있었다. 단 하나의 바람이 있다면 이 책을 가지고 내가 걸어왔던 그 길을 다시 한번 걸어보고 싶다. 나의 이야기가 적힌 그곳들에서.

(김미연)

이 책을 쓰기로 하고 매일 산책을 했습니다. 원래 걷고 움직이기 좋아하는데 의도적으로 산책을 하다가 명확히 알았습니다. 산책은 이미 내 삶 안에 있었고 위기의 순간마다 그 유용함을 모른 채 실행하고 있었습니다. 글을 쓰려고 한 산책이 이제 제 인생의 믿는 구석 하나로 새로 태어난 느낌입니다. 바쁜 하루 속에서 잠깐, 나로 살아가기에 더없이 좋은 도구 또한 산책입니다. 글은 마무리되었지만, 저만의 산책은 계속 이어질 겁니다. 앞으로도 쭉! 참 다행스럽고 감사한 일입니다.

(김인혜)

산책은 가볍습니다. 가볍고, 느긋하고, 자유롭습니다. 그래서 언뜻 무용해 보이기도 하지만, 우리는 산책하며 세계와 연결되고 내 안의 나를 만나기도 합니다. 그런 산책을 2025년 봄 여름, 더욱 열심히 즐겼습니다. 가슴에 문장 하나 품고서요. 뒤돌아보니 아프고 힘들었던 시간도 어느새 길이 되어 있었고, 산책하며 만난 풍경이 나만의 감각, 기억, 생각을 거쳐 언어로 재탄생하는 경험은 또 다른 기쁨이었습니다. 그러므로 오늘도 걸어갑니다. 산책이 문장이 됩니다.

(김태영)

달리기가 열풍인 시대입니다. 달리기는 심박수가 올라가며 얻는 건강의 효용이 크지요. 더불어 힘든 일을 해냈다는 성취감도 얻을 수 있을 것입니다. 저는 역설적으로 천천히 걸으면서 얻는 산책의 유익에 관해서 이야기하고 싶었습니다. 나만의 속도로 걷는 것은 편안합니다. 주변을 느끼며 호흡하는 동안 자연에 동화되고, 생각은 더욱 명료해집니다. 나날이 복잡해지는 세상에서 이 단순한 움직임이 주는 위로와 설렘은 더욱 소중합니다. 언젠가 달리기 못지않게 산책의 열풍이 불었으면 좋겠습니다.

(나윤영)

인생의 길을 어떻게 걸어가야 하는 것인지 고민했었지만, 결국 가까운 사람과 함께 걷는 그 시간이 나에게는 가장 소중했습니다. 사랑하는 가족들과는 소소한 산책도 즐거운 기억으로 남습니다. 내일은 어떤 길을 걷게 될지 알 수 없지만, 오늘 하루를 걸어가며 소소한 기쁨을 누릴 수 있기를 바랍니다. 길 위에서 만난 사람들과 나눈 대화들은 마음 안에 고스란히 남아 나에게 글이 되었습니다. 모든 것을 나를 인도하시는 그분께 영광 돌립니다.

(남보라)

당신에게 산책은 어떤 의미인가요. 마침, 이 글을 쓸 때가 제 인생 가장 힘들고 아픈 시기였습니다. 그 아픔을 이겨내기 위해 선택한 것이 산책이었습니다. 물론 걸음걸음이 쉽지 않았습니다. 하지만, 그 덕분에 슬픔도 조금씩 흘려보낼 수 있었을 뿐 아니라 가족 간 사랑이 깊어지고 사이가 끈끈해질 수 있었기에 더 큰 의미로 다가왔습니다. 부디 진심을 담아 눌러쓴 이 한 자 한 자가 당신에게 가 닿길 바라봅니다. 산책의 새로운 의미를 느껴볼 수 있길 바라며.

(유하나)

삶의 어느 날, 이 글이 당신의 마음에 조용히 닿기를 바랍니다. 흔들리고 멈춰 섰던 순간들도 결국은 삶을 이루는 귀한 여정임을 글을 쓰며 배웠습니다. 완벽하지 않아도 인생은 여전히 의미 있고 아름답다는 걸 전하고 싶습니다. 삶이 버겁고 앞이 보이지 않을 때 다시 걸어 나설 용기를 잃지 않았으면 합니다. 작은 발걸음 하나하나가 결국 당신을 지켜주는 길이 되어줄 것입니다. 끝없이 흔들리는 날들 속에도 자신만의 속도로 자신의 길을 걸어가기를 응원합니다.

(장인실)

글을 쓰는 동안 타인의 감정을 더 섬세하게 이해하게 되었습니다. 예전엔 쉽게 이해되지 않던 행동들이 이제는 '그럴 수도 있지'하는 마음으로 다가옵니다. 유연함은 그렇게 마음의 틈새를 넓혀주었고, 글은 그 틈에서 자랐습니다. 산책하며 주위의 사물들을 깊고 오래 바라보는 습관이 생겼습니다. 그렇게 바라보다 보면 마침내 사랑하지 않고는 견딜 수 없는 지점에 다다르게 됩니다. 문장을 따라 걸으며, 나는 조금 더 사람을, 삶을, 나를 사랑하게 되었습니다.

(정가주)

걸을 때마다 뜨거운 바람이 얼굴을 스치는 계절, 여름입니다. 햇볕이 잠잠해지기를 기다렸다가 어둑해질 무렵에야 길을 나섭니다. 풍경이 흐릿해지고, 간판에 불이 하나둘씩 들어오는 시간에 나가는 산책을 좋아합니다. 가벼운 운동화를 신고 어슬렁거리며 걷다 보면 지쳐 있던 마음에 활기가 생깁니다. 복잡한 생각을 하나씩 내려놓는 일에도 연습이 필요하다는 걸 길 위에서 배웁니다. 비우고 다시 채우는 일, 걷다 보면 내 안에도 작은 풍경들이 생겨나지요. 오늘도 걷고 쓰고 나를 돌보며 살아갑니다.

(최보영)

산책과 글쓰기는 서로 다른 행위처럼 보였지만, 제게는 같은 의미였습니다. 일상 속 작은 문을 두드리며 나를 발견하는 일이 산책과 글쓰기에 닮아있었습니다. 걸을 때마다 마음이 차분해졌고, 글을 쓸 때마다 감정이 정돈되었습니다. 계절을 따라 걷고, 마음을 따라 글을 쓰면서 조금씩 나 자신에게 다가갔습니다. 그 시간 덕분에 저는 저를 조금 더 이해할 수 있었습니다. 이제 걷고 쓰는 일상이 제게 가장 자연스러운 쉼표가 되었습니다. 내일도 발걸음과 펜 끝이 이끄는 대로 또 다른 나와 만날 것입니다.